地 究

地學歷史與地理科技

劉文英 編著

張騫西域之旅打開了連接西域及中亞、
以至南歐的國際通道,「絲綢之路」從此
世界;西行佛國的法顯和玄奘,他們的記
古人的地理視野得到開闊;鄭和開闢的
象,為世界航海事業的發展作出了巨大
狀;中國古代測繪經歷了從三皇五帝至
的誕生與初創期、秦漢初成期、宋元發展
代成熟期等,使人們逐漸全面認識了中
也。

崧燁文化

目錄

地理探究：地學歷史與地理科技

目錄

序言

文化是民族的血脈，是人民的精神家園。

文化是立國之根，最終體現在文化的發展繁榮。博大精深的中華優秀傳統文化是我們在世界文化激盪中站穩腳跟的根基。中華文化源遠流長，積澱著中華民族最深層的精神追求，代表著中華民族獨特的精神標識，為中華民族生生不息、發展壯大提供了豐厚滋養。我們要認識中華文化的獨特創造、價值理念、鮮明特色，增強文化自信和價值自信。

面對世界各國形形色色的文化現象，面對各種眼花繚亂的現代傳媒，要堅持文化自信，古為今用、洋為中用、推陳出新，有鑑別地加以對待，有揚棄地予以繼承，傳承和昇華中華優秀傳統文化，增強國家文化軟實力。

浩浩歷史長河，熊熊文明薪火，中華文化源遠流長，滾滾黃河、滔滔長江，是最直接源頭，這兩大文化浪濤經過千百年沖刷洗禮和不斷交流、融合以及沉澱，最終形成了求同存異、兼收並蓄的輝煌燦爛的中華文明，也是世界上唯一綿延不絕而從沒中斷的古老文化，並始終充滿了生機與活力。

中華文化曾是東方文化搖籃，也是推動世界文明不斷前行的動力之一。早在五百年前，中華文化的四大發明催生了歐洲文藝復興運動和地理大發現。中國四大發明先後傳到西方，對於促進西方工業社會發展和形成，曾造成了重要作用。

地理探究：地學歷史與地理科技

序言

　　中華文化的力量，已經深深熔鑄到我們的生命力、創造力和凝聚力中，是我們民族的基因。中華民族的精神，也已深深植根於綿延數千年的優秀文化傳統之中，是我們的精神家園。

　　總之，中華文化博大精深，是中華各族人民五千年來創造、傳承下來的物質文明和精神文明的總和，其內容包羅萬象，浩若星漢，具有很強文化縱深，蘊含豐富寶藏。我們要實現中華文化偉大復興，首先要站在傳統文化前沿，薪火相傳，一脈相承，弘揚和發展五千年來優秀的、光明的、先進的、科學的、文明的和自豪的文化現象，融合古今中外一切文化精華，構建具有中華文化特色的現代民族文化，向世界和未來展示中華民族的文化力量、文化價值、文化形態與文化風采。

　　為此，在有關專家指導下，我們收集整理了大量古今資料和最新研究成果，特別編撰了本套大型書系。主要包括獨具特色的語言文字、浩如煙海的文化典籍、名揚世界的科技工藝、異彩紛呈的文學藝術、充滿智慧的中國哲學、完備而深刻的倫理道德、古風古韻的建築遺存、深具內涵的自然名勝、悠久傳承的歷史文明，還有各具特色又相互交融的地域文化和民族文化等，充分顯示了中華民族厚重文化底蘊和強大民族凝聚力，具有極強系統性、廣博性和規模性。

　　本套書系的特點是全景展現，縱橫捭闔，內容採取講故事的方式進行敘述，語言通俗，明白曉暢，圖文並茂，形象直觀，古風古韻，格調高雅，具有很強的可讀性、欣賞性、知識性和延伸性，能夠讓廣大讀者全面觸摸和感受中華文化的豐富內涵。

肖東發

九州探險——考察與發現

中國古代曾開闢了陸路新途，也曾擁有過海上的輝煌，在人類地理考察與發現歷史上書寫了壯麗的篇章。

漢代張騫的西域之旅和後繼者的進一步探索，打開了連接西域及中亞、西亞以至南歐的國際通道，絲綢之路從此名揚世界。

西行佛國的法顯和玄奘、西遊萬里的耶律楚材和丘處機，他們的記述使古人的地理視野得到開闊。元代馬可·波羅的遊記引起了歐洲人對東方的嚮往，而鄭和開闢的新航線，為世界航海事業做出了重大的貢獻。

▋張騫探險開闢對外新路

漢代時將甘肅至玉門關和陽關以西，包括新疆和蔥嶺以西地區稱為「西域」。西漢時期由張騫首次打通通往西域的路線，成為了後來名揚世界的「絲綢之路」。

絲綢之路的地理環境異常險惡，然而，先民並沒有因為不利的地理條件而將之視為畏途，而是透過張騫等人的「鑿空之旅」和後繼者的進一步探索，成為連接西域及中亞、西亞以至南歐的國際通道。

張騫雕像

漢代四個朝代，都對西域的遊牧民族匈奴採取和張騫去西域雕塑親政策，至漢武帝時，國力充沛，極欲討伐匈奴，一雪數十年來和親的恥辱。漢武帝為實行東西夾擊匈奴的策略，先後兩次派張騫去西域。

公元前一三九年，張騫率領一百餘人從隴西出發，向西域進發。在西行途中，被匈奴俘獲，被扣留十年。後來匈奴內亂，張騫得機脫身，西至大宛。

隴西在古代稱隴山，即六盤山以西的地方。又稱「隴右」。古人以西為右。隴右在很多情況下也指甘肅。公元前二八〇年，秦穆公在今天甘肅省天水、甘谷、武山、岷縣、隴西、臨洮等地設隴西郡，後為天下三十六郡之一。隴西郡是甘肅最早的行政建制。

當時大月氏已臣服於匈奴，無復仇之意，聯合事不得要領，張騫居歲餘而歸。在歸途中經過羌中，又被匈奴俘獲，扣留了一年多，其後張騫乘匈奴內亂回到長安。

公元前一一九年，匈奴為漢軍所打敗，漢武帝再命張騫去西域。

張騫率一行三百人，帶備金銀、玉帛至烏孫，想說服烏孫與朝廷聯合，借此牽制匈奴。但因烏孫不知漢朝虛實，又臣服匈奴已久，故不敢與匈奴為敵。

後來烏孫及其他各地派人隨同張騫回長安。西域各地也派人陸續來到漢都長安。烏孫目睹漢朝殷實，遂與漢朝結盟。

張騫去西域所經過的路線，主要是中國和歐洲之間的內陸亞洲地區。

在這條路線上，地理特徵是氣候異常乾燥，降雨量極其稀少。其間有號稱「世界屋脊」的帕米爾高原，以帕米爾高原為中心，向四周延續出喜馬拉雅山、崑崙山、喀喇崑崙山、天山、阿爾泰山、阿賴山、興都庫什山等山脈，冰峰峽谷，行走艱難。

這條路線的另一富有特色的地貌和景觀是沙漠和戈壁。如新疆的塔克拉瑪干大沙漠、裡海東部的卡拉庫姆沙漠、伊朗的卡維爾沙漠等，對於行旅來說，更是一段乾渴難行的艱苦旅程。

此外，由鹽殼沉積而形成的崎嶇起伏、犬牙交錯的雅丹地貌，也是一個重要的地理障礙。

雅丹地貌指乾旱地區古河湖泊土狀堆積物被風吹蝕、形態多姿的土丘，是一種典型的風蝕地貌。羅布泊區域有些雅丹地形的溝深度可達十餘公尺，長度由數十公尺至數百公尺不等，走向與主風向一致，溝槽內常有沙子堆積。在壟脊頂部常有白色鹽殼，又稱「白龍堆」。

唐代詩人楊師道在《隴頭水》中所描寫的「映雪峰猶暗，乘冰馬屢驚」，還有唐代詩人岑參在《過酒泉憶杜陵別業》中所描寫的「黃沙西際海，白草北連天」，正是這些地理景觀的生動寫照。

而唐代西行取經僧人玄奘在《大慈恩寺三藏法師傳》所描寫的「上無飛鳥，下無走獸，復無水草」，則是親履其地的感受。

面對這樣的地理環境，張騫先後兩次去西域，勇敢面對艱險，表現出了超人的智慧和膽識。

在張騫留居匈奴的期間，西域的形勢發生了變化。張騫脫身之後，帶領大漢使團經車師時沒有向西北伊犁河流域進發，而是折向西南，進入焉耆。再沿塔里木河西行，過庫車、疏勒等地，翻越蔥嶺，直達大宛。路上經過了異常艱苦的跋涉。

這是一次極為艱苦的行軍。

大戈壁灘上，飛沙走石，熱浪滾滾；蔥嶺高如屋脊，冰雪皚皚，寒風刺骨。沿途人煙稀少，水源奇缺。加之匆匆出行，物資準備又不足。

張騫一行，風餐露宿，備嘗艱辛。乾糧吃盡了，就靠擅長狩獵的堂邑父射殺禽獸用以充饑。不少隨從或因饑渴倒斃途中，或葬身黃沙、冰窟，獻出了自己寶貴的生命。

張騫第一次去西域，既是一次極為艱險的外交旅行，同時也是一次卓有成效的科學考察。他對廣闊的西域進行了實地的調查研究工作，不僅親自訪問了地處新疆的各小國和中亞的大宛、康居、大月氏和大夏諸國，而且從這些地方又初步瞭解到烏孫、奄蔡、安息、條支、身毒等地的許多情況。

返回長安後，張騫將其見聞向漢武帝做了詳細報告，對蔥嶺東西、中亞、西亞以至安息、印度諸國的位置、特產、人口、城市、兵力等狀況都做了說明。

這個報告的基本內容為西漢史學家司馬遷在《史記·大宛傳》中保存下來。這是中國和世界上對於這些地區第一次最詳實可靠的記

載。至今仍是世界上研究上述地區和國家的古地理和歷史的最珍貴的資料。

張騫第二次去西域時，曾經分別派人到了大宛、康居、月氏、大夏等地。此後，漢代朝廷派出的使者沿著張騫開闢的路線還到過安息、身毒、奄蔡、條支、犁軒等地。

漢都長安人還受到安息專門組織的兩萬人的盛大歡迎，安息等地的人也不斷來長安貿易。

張騫通使西域，使中國當時的影響直達蔥嶺東西。

後來的班超再度西行，正是沿著張騫的足跡，走出了譽滿全球的「絲綢之路」。自此，不僅打通了中原與西域的交通孔道，而且中國同中亞、西亞以至南歐的直接交往也建立和密切起來。

班超（公元三二年至一○二年），漢代扶風平陵人，位於現在的陝西省咸陽東北。東漢時期著名的軍事家和外交家。班超為人有大志，口齒辯給，博覽群書，能夠權衡輕重，審察事理。他曾出使西域，為平定西域，促進民族融合做出了重大貢獻。班超死後葬於洛陽邙山之上。

漢通西域，雖然起初是出於軍事目的，但西域開通以後，它的影響遠遠超出了軍事範圍。張騫具有地理探險意義的「鑿空」之功，名垂青史。

閱讀連結

張騫在第一次去西域穿過河西走廊時，被匈奴的騎兵隊抓獲，並被送到匈奴王庭見軍臣單于。

匈奴單于為軟化、拉攏張騫，打消其去月氏的念頭，進行了種種威逼利誘，還給張騫娶了匈奴的女子為妻，生了孩子。但張騫始終沒有忘記漢武帝交給自己的神聖使命，沒有動搖為漢朝通使月氏的意志和決心。張騫等人在匈奴一直留居了十年之久。

後來敵人的監視漸漸有所鬆弛。一天，張騫趁匈奴人不備，果斷地離開妻兒，帶領其隨從，逃出了匈奴王庭。

▋法顯西行帶回地理見聞

東晉時期曾出現了一位著名的地理學家，他就是晉僧法顯。他是中國古代歷史上著名的旅行家、地理考察家、翻譯家、著作家。在中國佛教史、留學史和旅行史上都佔有重要地位。

法顯於公元三九九年從長安出發，渡沙漠，越崑崙，到中亞，再向東南，途經當時西域和中亞諸國，歷時十五年，歸國後寫出了流傳至今的《佛國記》。他是對中國佛教以及中國和世界文化都做出了重大貢獻的一個偉大的中國人。

法顯雕像

法顯俗姓龔，三歲出家，二十歲受具足戒。

公元三九九年，六十多歲高齡的法顯，約同慧景、道整、慧應、慧嵬等僧人，由長安出發，取道河西走廊，行到張掖。適逢張掖大亂，道路不通，張掖王殷勤挽留，竭誠護持供養他，因而在此結法顯作品夏安居。

在張掖期間，一行人又加入了智嚴、慧簡、僧紹、寶雲、僧景等人，彼此結伴，向西前進至敦煌。

敦煌位於河西走廊的最西端，一出敦煌，就是一片廣闊無垠的沙漠，幸而當時有太守李浩供給穿越沙漠的資糧，法顯等人於是就與智嚴、寶雲等分別隨使先行。

沙漠之中，氣候酷熱，多惡風，沿途所經，上無飛鳥，下無走獸，遍目所及，茫然一片，只憑偶爾見到的枯骨為標誌。

在杳無人煙的沙漠中行走，實為艱難困苦，一行幾人走了一個多月後，終於到達於闐國。此地物產豐饒，人民信仰大乘佛法，法顯等人因而受到了優厚的禮遇。

不久，慧景、道整隨著慧達先出發前往竭叉國，法顯等人則滯留在于闐國三個月，主要是為了觀看從四月一日至十四日的行像盛會。結束後，僧紹獨自一人隨胡僧到罽賓，法顯等人則經子合國，南行入蔥嶺，到達麾國過夏。

行像為一種宗教儀式。即把佛像安置在裝飾性的花車上，眾人隨其巡行瞻仰、膜拜，此間伴有舞蹈、雜戲的演出。法顯旅行印度時，在西域和印度都曾親眼見過行像。

其後，法顯等人再翻山越嶺，經過了二十五天，到達與印度接境的竭叉國，與慧景等人會合，並參加國王所舉行的五年大施會。

公元四○二年，法顯等人向北印度前進，越過蔥嶺。途中地勢驚險，又經年飄雪，當地人稱為「雪山」。

到北印度境內的阮歷國後，一行人又沿著蔥嶺向西南行，山路崎嶇，千仞石壁，萬丈絕崖。法顯等人戰戰兢兢地攀過了七百多座簡陋艱險的梯道，踏踩繩橋，越印度河，到達烏萇國，在此宿營安居。

然後南下，經歷宿呵多國、犍陀衛國、竺剎尸羅國，到弗樓沙國。其間，僧景、寶雲隨慧達回國，慧應在此病故。法顯獨自前往那竭國，與慧景、道整會和，並在這裡度過寒冷的冬天。

公元四〇五年，法顯再回到巴連弗邑，廣為搜求經律。當時的北印度諸國皆用口傳，並無經本可抄寫，因此法顯再到中印度，在城邑的摩訶僧伽藍取得《摩訶僧祇律》。

據說，這就是後來祇洹精舍所傳的律本，十八部律由其衍生而出，是佛陀在世時大眾所共同奉行的法規。

公元一九〇八年楊文會在南京創辦祇洹精舍，是中國近代史上第一所新式佛教教育機構。祇洹精舍在金陵刻經處開學。兩年之後，由於經費缺乏，精舍停辦。雖辦學短暫，但它為現代佛教教育創造了一個新的方向，對近代佛教的發展產生了深遠的影響。

此外，他又得到《薩婆多部鈔律》七千偈、《雜阿毗曇心論》六千偈、《經》兩千五百偈、《方等般泥洹經》五千偈及《摩訶僧祇阿毗曇》。法顯在印度停留期間，用心學習梵文與梵語，抄得經律等，達成他入印度求律的目的與願望。

同行的道整，遠來印度的本意雖然是在求得戒律，但目睹僧團的法則及眾僧的威儀嚴正，深受感動，因而決心留住於此。法顯則堅持要把戒律流通到漢土為目的，只好獨自一人回國。

法顯沿著恆河東下，經瞻波國，於公元四〇八年到達東印度的印多摩利帝國，停留兩年之後，法顯前往獅子國。在獅子國停留兩

年，得到《彌沙塞律》及《長阿含經》、《雜阿含經》、《雜藏經》等梵本各一部。

公元四一一年，法顯搭乘載有兩百餘人的商船泛海東行歸國，遇風漂泊九天至耶婆提國，在那裡住了五個月餘。

公元四一二年，法顯再搭乘貿易商船，航向廣州，又遇暴風，經八十餘天，才到達長廣郡界的嶗山。法顯登陸後，青州太守李嶷遣使迎請法顯到郡城，熱忱款待，法顯在此住了一冬一夏。

法顯從長安出發時，已經是六十歲左右的耳順之年，一路西行，經六年到達印度中部，停留六年，歸程經獅子國等地，又經歷三年才回到青州，前後已經過了十五年，遊歷三十國。

公元四一三年，法顯到京都建康，在道場寺與佛陀跋陀羅從事翻譯，前後譯出《摩訶僧祇律》四十卷、《僧祇比丘戒本》一卷、《僧祇尼戒本》一卷、《大般泥洹經》六卷、《雜藏經》、《雜阿毗曇心論》等，共計百萬餘言。

法顯憑藉自己十五年的旅途見聞和思考，在歸國後寫成了《佛國記》一書。此書以其優美簡潔的文字記述了中亞和印度等地的地理、風俗人情、歷史、佛教等情況。其中有許多關於當時域外地理的新認識、新記錄。

比如關於于闐、蔥嶺至北印度一帶的地理描述，法顯在《佛國記》中，比較詳細地記述了帕米爾高原及印度河上游地區的地理形勢、河流、物產等情況。

再如關於錫蘭島的認識和記述，《佛國記》準確描述了錫蘭島與周圍的島嶼分布，以及島上的氣候特點、景觀狀況和農業生產習俗，給人以清晰的熱帶國家印象。

關於印度河流域的地形大勢，法顯也有認識和記述，他寫道：「新頭河，兩岸皆平地。」又說：「自新頭河至南天竺印度南部，迄於南海，四五萬里，皆平坦無大山川。」

不過，這裡的四五萬里顯然有些誇大，「無大山川」也不盡符合事實。

但無論如何，法顯的這次旅行和帶回的地理見聞，豐富了當時中國對中亞、南亞地區的地理認識。尤其是保存至今的他的《佛國記》，更是中國乃至世界上最古老的遊記之一。

閱讀連結

有一天，法顯前往中印度王舍城附近一個山寺拜謁，當地僧人告訴他近來山上有獅子經常吃人，但法顯不畏難懼險毅然前往。

法顯上山後，果然有幾隻獅子將他圍住。不料獅子圍住他轉了兩圈，不但沒有吃他，反而伏臥在法顯足跟前。法顯手摩其頂說：「你若害我，請等我誦經完畢。如不害我，就請遠去。」

獅子伏臥良久，然後昂頭張口，以舌卷唇，徐徐遠去。陪同法顯的當地僧人早已畏懼爬樹，目睹這個全過程，俱皆驚奇，當地居民也皆驚異。

玄奘西行考察編寫《西域記》

玄奘是唐代初期著名的佛教學者和旅行家。他西行取經，歷經了無數艱難險阻，以頑強的意志，完成了世界史上一次偉大的旅行壯舉。回到長安後，他口述的《西域記》是關於中國西北部邊疆地區和中亞、南亞的重要地理著作。

《西域記》對地理知識的發展和傳播，對促進當時的中外交流，都做出了重大貢獻。

玄奘原姓陳，名禕，洛州緱氏人，就是現在的河南偃師，十三歲時做了洛陽淨土寺的僧人。為了學習佛教真義，他決定親往佛教發源地天竺求取真經。

唐僧玄奘銅像

公元六二九年秋，他離開唐都長安，隨西行商人開始了艱苦卓絕的西遊歷程。

玄奘向西經河西走廊的武威、張掖等地，出玉門關，穿過渺無人煙的沙漠，再經伊吾、高昌、屈支，越過天山冰峰凌山、依熱海，到達當時屬於西突厥的碎葉城。

又由此過赭時、阿姆河上游、鐵門要塞，經吐火羅和迦畢試，到達大雪山，翻越雪山後進入那揭羅喝國和犍陀羅國，最後進入天竺境內。

淨土寺，河南省伊川縣淨土寺，又名「淨土道場」，位於洛陽南二十多公里，伊川縣白元鄉水牛溝村內。著名佛學大師玄奘少時因為家境困難，於公元六〇〇年跟著他二兄長捷法師住在洛陽淨土寺，學習佛經，十一歲就熟習《法華》、《維摩》。十三歲時洛陽度僧，破格入選。

此後在印度停居十多年，一邊學習佛學一邊周遊印度各地。公元六四三年回國，經巴基斯坦、阿富汗、帕米爾高原的瓦罕谷地，沿絲綢之路南道的疏勒、于闐、鄯善，到達瓜州，由此沿河西走廊回到唐都長安。

地理探究：地學歷史與地理科技

九州探險——考察與發現

　　玄奘在西行途中，一路上穿過了許多驚險之地，遇到很多特殊地理環境。

　　他曾單身一人進入沙漠，一路上沙海茫茫，渺無人煙，絕少水草。氣候變化無常，時而狂風大作，飛沙走石，暗無天日，時而寂靜無聲，烈日當空，炎熱炙膚。加上光線折射，海市蜃樓現象忽隱忽現，變幻莫測。

　　夜晚則寒氣襲人，路旁屍骨發出幽幽藍光，一派駭人膽魄的景象。他說當時：

　　四顧茫然，人馬俱絕。夜則妖魑舉火，爛若繁星；晝則驚風擁沙，散如時雨。

　　他還不小心打翻了水袋，一連五天四夜，無滴水沾喉，口乾舌焦，以致昏倒在沙漠中。直至夜晚，忽然一陣涼風吹來才使他甦醒過來。

　　他咬緊牙關繼續西行，終於發現了一池淡水，才免於一死。飲水後，稍作休息，他又艱難地在沙漠中穿行，以前人的屍骨為標誌，摸索前進。

　　幾天之後，才走出沙漠到達伊吾城。

　　他在翻越天山冰峰時，所經過的凌山，山峰高聳，冰雪漫地，寒風徹骨，他只能「懸釜而飲，席冰而寢」，忍饑挨餓地越過天山。而他後來翻越的大雪山比凌山更險惡。他說那一段路程「滿山冰雪，千年不化。」、「積雪滿谷，蹊路難涉。」而且，「群盜橫行。」、「途路艱危，倍於凌磧之地。」

儘管路途艱險，玄奘終於以「寧可西進而死，絕不東歸而生」的決心與毅力，完成了這一歷史上罕有的長途旅行。後來，由他口述，門人辯機奉唐太宗之敕令筆受編集，完成了《西域記》，也就是《大唐西域記》。

　　辯機十五歲出家，師從大總持寺著名的薩婆多部學者道岳，並駐長安西北的金城坊會昌寺。玄奘法師最早的一批譯經助手中，辯機以其高才博識、譯業豐富，又幫助玄奘撰成《大唐西域記》一書而名噪一時。辯機儀表堂堂，才華橫溢，使他深受師父的賞識、同儕的愛戴。

　　長安為西安的古稱，從西周到唐代先後有一三個王朝及政權建都於此，總計建都時間一千零七十七年，中國歷史上歷時最長，建都時間最早，朝代最多的古都，同時也是中國歷史上影響力最大的都城。中國四大古都之首，世界四大古都之一。長安是中華文明的發源地、中華民族的搖籃、中華文化的傑出代表。

　　在中國地理學發展史上，《西域記》是當時人們地理視野擴展的一個新標誌。更是後世研究中世紀印度、尼泊爾、巴基斯坦、斯里蘭卡、孟加拉國、阿富汗、烏茲別克、吉爾吉斯等國、克什米爾地區及中國新疆的最為重要的歷史地理文獻。

　　《西域記》記載了東起中國新疆、西達伊朗、南至印度半島南端、北至吉爾吉斯、東南至孟加拉這一廣闊地區的歷史、地理、風土、人情，科學地概括了印度次大陸的地理概況。記述了從帕米爾高原到鹹海之間廣大地區的氣候、湖泊、地形、土壤、林木、動物等情況。

　　比如，帕米爾高原一向被認為是神祕的地區，由於自然條件險惡，很少有人涉足，直至玄奘時，還未有人對它做過詳細記述。玄

奘在這一地區前後三次往返，進行實地考察，具體記載了它的地理位置。

再如對印度的地理認識，在唐代以前的有關史書都有不少提及，法顯的《佛國記》有相當的記述，但由於瞭解範圍及篇幅所限，對印度各地的地理認識記述得都比較粗淺。至唐玄奘時期，由於他在印度居留十多年，又遍遊各地，所以，他的認識比過去大有進步。

在敘述印度半島的地理大勢時，玄奘正確指出了印度半島的北寬南窄的疆土形狀，以及半島上的氣候特徵和南、北、東、西的自然景觀特點。

關於阿耆尼國的記述，玄奘的記敘也是古代最詳細的文字記錄之一。書中用簡要的文字清楚地介紹了阿耆尼國的面積、都城、地形、水利、物產、氣候、服飾、貨幣、政治、宗教以及地理位置。這比過去的資料要詳實得多。

關於伊塞克湖，自從張騫遊歷西域後，在過去的文獻中已多次提到它。

但最早詳細介紹的也是玄奘的《西域記》，其卷一記述道：

山行四百餘里至大清池。周千餘里，東西長，南北狹。四面負山，眾流交湊，色帶青黑，味兼鹹苦，洪濤浩瀚，驚波汨忽，龍魚雜處，靈怪間起。所以往來行旅，禱以祈福。水族雖多，莫敢漁捕。

值得一提的是，其中講到，湖中有「靈怪」，就是當地人常說的水怪，以為神聖，不敢捕魚。

正是因為《西域記》一書以其詳實的記錄，向當時中國人民介紹了中亞、印度各地豐富多彩的地理、人文新知識，所以，它不僅

是唐代的一部著名地理著作，也是今天從事中亞、印度歷史地理研究的重要典籍。

玄奘與《西域記》不僅在中國地理學史上，而且在世界地理學史上都具有重要地位。

閱讀連結

中國僧人玄奘在印度時因苦研佛法，深得其道，被尊稱為「三藏法師」。

一天，一名僧人自以為學問高深，無人可及，就貼出告示，上列五十條疑難經義，稱誰能夠破解得其中一條，就立即將自己的頭顱砍下。聞知此事的眾僧都躲了起來。

玄奘走到告示前，稍稍一看便做講解。

那名僧人越聽越怕，欲拔劍自刎。

玄奘止住他，讓他做自己的僕人。後來玄奘曾向這個僧人請教小乘經典，大有感悟。為了感激他，便將他放走了。

其他眾僧無不敬佩玄奘的淵博和大度。

▌耶律楚材與《西遊錄》

耶律楚材是契丹族傑出政治家，因對腐朽的大金失去信心，轉投成吉思汗帳下，成為蒙古帝國時期大臣。

他應召西行，過居庸關，經武川，出雲中，到達成吉思汗營地。後隨軍西征，到達花剌子模國首府布哈拉，行程數萬里。從征回燕京後，寫成了《西遊錄》。

中原人與西域交往頻繁，但史書所記多為政治、軍事內容，而耶律楚材的《西遊錄》，向我們提供了較為詳細的人情、地理、風俗情況。

遼金在與中原宋王朝的戰戰和和中先後被中原文化同化。蒙古人征服他們後起用其貴族官僚，這些官僚是最先讓蒙古貴族接觸漢制的先驅，其中耶律楚材是最具代表性的。

耶律楚材是契丹皇族的後裔，遼朝東丹王耶律倍的第八世孫。耶律倍是契丹皇族中最早接受北宋文化的人之一，他治理契丹，一概採用漢法。

耶律楚材石像

公元一二〇五年，蒙古軍攻占燕京，成吉思汗得知耶律楚材才華橫溢、滿腹經綸，遂派人向他詢問治國大計。

據《草原帝國》一書記載：占領北京後，成吉思汗選中一位契丹族王子耶律楚材，他以「身長八尺，美髯宏聲」博得成吉思汗的喜愛，被任命為輔臣。這是幸運的選擇，因為耶律楚材融中原文化和政治家氣質於一身，是輔佐新君主的最合適的人。

其實，耶律楚材早已對腐朽的大金王朝失去信心。面對干戈四起、生靈塗炭的神州大地，他決定以自己的才華輔助成吉思汗，拯救水深火熱中的人民。

成吉思汗率軍二十萬西征中亞花剌子模國時，耶律楚材以書記官和星相占卜家的身分應召前往。

星相，或稱「占星術」，星相學家觀測天體、日月星辰的位置及其各種變化後做出解釋，來預測人世間的各種事物的一種方術。星相家認為，天體，尤其是行星和星座，都以某種因果性或非偶然性的方式預示人間萬物的變化。占星學的理論來源於從古至今占星師們的經驗的積累，其中蘊涵的大量天文學與心理學知識也為其帶來了強大的生命力。

　　公元一二〇八年三月，他自永安出發，過居庸關，經武川，出雲中，到達天山北面成吉思汗營地。翌年隨軍西行，越阿爾泰山，過瀚海，經輪台、和州，更西行經阿里馬、虎司斡魯朵、塔剌思、訛打剌、撒馬爾罕，到達花剌子模國首府今布哈拉。行程三萬公里。

　　耶律楚材在西域達六年之久。他從征回燕京後，許多人向他詢問西域的情形。他煩於一一應對，便寫了《西遊錄》。

　　《西遊錄》分上下兩部分。上篇記西行道路、山川、物產、城市等，對瞭解十三世紀新疆及中亞伊斯蘭教各民族的概況有參考價值。下篇設為問答，較多地介紹了長春真人丘處機在西域的情形。

　　耶律楚材居西域六年，《西遊錄》所記多為他的親歷。作者不拘泥於概貌介紹，而以流暢自然的文筆，著重點出了每一地的特色。其中對於山川地理的描述，文字優美，資料詳實，是瞭解當時西域的重要史料。

　　尋思干在西遼時被稱為「河中府」，在被花剌子模攻占之前，是附屬於西遼的喀喇汗朝的首都，也是中亞兩河流域政治、經濟和文化的中心，交流頻繁，繁華富庶。

　　西遼（公元一一三二年至一二十八年），中國古代契丹族建立的朝代。亦稱黑契丹，哈剌契丹。由遼朝大將耶律大石在金朝滅遼

後，於西北召集殘部建立。後來擴張到中亞，首都虎思斡魯朵，一時成為中亞強國，統治中亞九十四年。西遼帝國的建立，結束了西域各國內亂和各國之間相互侵襲的局面，西遼對漢文化的傳播有力地促進了中亞社會的向前發展。

耶律楚材在此留居數年，其間也曾遊歷了蒲華、苦盞、八普、杷欖等周邊城鎮，深為這裡的異域風情所傾倒。在《西遊錄》及其詩中，對這一帶的民情風物均有具體而微的描繪。

如他記述了尋思干的園林之盛，瓜果之豐，貨幣形制，衣飾之俗；他的「漱旱河為雨，無衣蘖種羊」，不僅說到了乾旱地區的灌溉農業，還指明了這裡的棉花種植，而此時植棉技術尚未傳入中原。

由於耶律楚材東歸均經天山北麓，故而在《西遊錄》中，對新疆境內的自然景觀及人文地理也有不少的精彩描述。

關於金山，耶律楚材寫道：

時方盛夏，山峰飛雪，積冰千尺許。上命斫冰為道以度師。金山之泉無慮千百，松檜參天，花草彌谷。從山巔望之，群峰競秀，亂壑爭流，真雄觀也。自金山而西，水皆西流，入於西海。

阿里馬城，史書上又叫阿力麻里，是伊犁地區著名古城之一，歷史悠久，在中國史上佔有重要地位。儘管城址已難覓，只得根據一些有關古城的遊記來確定古城的具體位置。如耶律楚材在《西遊錄》中就有介紹，元太祖時丘處機西行來去都經過阿力麻里古城。

關於阿里馬城所在的伊犁河谷的塞外江南風光，耶律楚材寫道：既過圓池，南下皆林檎木，樹蔭茂密，不露日色。既出陰山，有阿里馬城。西人目林檎曰阿里馬。附郭皆林檎園圃，由此名焉。附庸城邑八九。多蒲桃梨果，播種五穀，一如中原。

別失八里是耶律楚材東歸途中的最後一站，對這座歷史名城，他寫道：「金山之南隅有回鶻城，名曰別石把，有唐碑，所謂瀚海軍者也……城之西二百餘里有輪台縣，唐碑在焉。城之南五百里有和州，唐之高昌也。高昌之西三四千里有五端城，即唐之于闐國也。出烏白玉之二河在焉。」

文中的「別石把」就是別失八里。

金山之名在漢代即見諸中國記載；而阿里馬城所在的伊犁河谷，唐代軍隊曾在此地對西突厥叛軍進行征討；別失八里則曾是唐代北庭大都護府治所，安史之亂後淪陷於吐蕃，後為高昌回鶻的夏都。

耶律楚材之前，人們對上述地方或者有所記述，但往往語焉不詳，或者根本沒有任何文字的描寫，尤其是金山這個「養在深閨人未識」的「美人」。至耶律楚材的《西遊錄》問世，才首次揭開它的神祕面紗，將其美貌展現於世人面前。

另外，耶律楚材對於天山的雄奇秀美，也給留下了膾炙人口的多首《過陰山》，如：

百里鏡湖山頂山，旦暮雲煙浮氣象。

山南山北多幽絕，幾派飛泉練千丈。

大河西注波無窮，千岩萬壑皆會同。

這裡描繪了賽裡木湖、果子溝、伊犁河的壯麗風光。

耶律楚材這些詩文，生動地反映了七百多年前西域的自然景色和人民的生活情形，也使他與西域的歷史文化緊緊地聯繫在了一起。

天山是中亞東部地區的一條大山脈，主要在中國新疆維吾爾自治區，橫貫中部，把新疆維吾爾自治區分成兩部分：南邊是塔里木

盆地，北邊是準噶爾盆地。古名「白山」，又名「雪山」，冬夏有雪，故名。匈奴謂之「天山」，唐代時名稱「折羅漫山」，許多高峰峰頂白雪皚皚。

閱讀連結

耶律楚材曾隨從成吉思汗和窩闊台遠征四方，熟悉邊疆的風土人情、山川景物，寫下了大量詩歌。在詩中，他生動真實地描繪了奇瑰壯麗的西域風光。

耶律楚材的西域詩有五十餘首，其中《西域河中十詠》尤為人稱道。如：「寂寞河中府，連甍及萬家。葡萄親釀酒，杷欖看開花。」「寂寞河中府，遐荒僻一隅。葡萄垂馬乳，杷欖燦牛酥。釀酒無輸課，耕田不納租。西行萬餘里，誰謂乃良圖。」這些詩篇是後人研究西域歷史的重要參考資料。

▌長春真人漫漫古道西行記

長春真人是全真道掌教人丘處機的道號。他曾受成吉思汗邀請赴西域相見，率領門徒十八人啟程，歷經磨難，最終得以面勸成吉思汗體恤百姓。

李志常為隨行弟子之一，《長春真人西遊記》為其所撰。

《長春真人西遊記》以記述所經山川道裡及沿途所見風俗人情為主，兼及丘處機生平，是研究十三世紀漠北、西域史地及全真道歷史的重要資料。

丘處機是金代期末全真道道士、思想家、道教領丘處機遊歷遺蹟袖、政治家、文學家、養生學家和醫藥學家。在道教歷史和信仰中，被奉為全真道「七真」之一，以及龍門派的祖師。

全真道為道教教派。始創於公元一一四一年。創始人王喆，陝西咸陽人。隱居終南山修道三年，後出關去山東傳教。招收馬鈺、譚處端、劉處玄、丘處機、王處一、郝大通、孫不二七大弟子，號稱「全真七子」。全真道至此正式成立。

長春真人畫像

元世祖忽必烈時，追封丘處機為「長春演道主教真人」。早在成吉思汗西征途中時，聽隨行的中原人介紹丘處機法術超人，便遣使相召。

公元一二二〇年秋，丘處機率弟子從山東萊州動身，經宜化，越野狐嶺，東北行至呼倫貝爾；再沿怯綠連河西行，穿越蒙古高原、金山，下經別失八里、昌八里、阿里馬城，塔剌思河、塞藍、霍闡沒輦、撒馬爾罕、碣石，越阿姆河而南。

公元一二二二年初夏在大雪山與成吉思汗會見。

丘處機向成吉思汗進言「敬天愛民為本」，「清心寡慾為要」。成吉思汗對他的話很讚賞，不喚其姓名，只稱呼「神仙」，並命左右人員把他的話記錄下來，以此教育幾個兒子後人評說丘處機有「一言止殺」之功。

　　至公元一二二三年春，丘處機已在成吉思汗身邊待了一個年頭。由於不適應高原氣候，加上思念故土，丘處機決定東歸。

　　三月，成吉思汗依依不捨地與丘處機辭別，並賜給他許多金銀財寶，卻遭到謝絕。於是，成吉思汗下詔免除全真教徒的賦稅，並派人率騎兵五十百人護送他返鄉。

　　後來，成吉思汗又賜給丘處機虎符和璽書，並詔命燕京行省將原金代的御花園賞給全真教建造宮觀。璽書內容就是現存於河南省內鄉縣石堂山普濟宮《成吉思皇帝賜丘神仙手詔碣》的碑文。

　　自此以後，丘處機得以弘揚全真教、廣建道觀，掌管天下道教，取得了相當於蒙古國國師的地位。憑著虎符璽書，丘處機還解救了大批中原人，使兩三萬被蒙古掠奪為奴的人重獲自由。

　　虎符為中國古代皇帝調兵遣將用的兵符，它是用青銅或者黃金做成伏虎形狀的令牌，劈為兩半，其中一半交給將帥，另一半由皇帝保存。只有兩個虎符同時使用，才可以調兵遣將。盛行於戰國時期和秦漢時期。傳世的有秦新郭虎符等。

　　璽書為中國古代以泥封加印的文書。古代長途遞送的文書易於破損，所以書於竹簡木牘，兩片合一，縛以繩，在繩結上用泥封固，鈐以璽，故稱「璽書」。秦代以後專指皇帝的詔書。後世即以為詔書之別名。唐時還間或有璽書的名稱，五代後不復見。

　　丘處機的萬里之行，橫越亞洲腹地。在西行途中，一行人時常要受到沙塵暴、流沙的襲擾。艱難的時候，車子陷到流沙裡，馬匹停滯不前，人想挪動一步都很困難。

丘處機隨行弟子之一李志常撰寫的《長春真人西遊記》，詳載一路見聞。就此而言，丘處機堪稱唐玄奘西遊之後的又一位古代旅行家。

在地理學方面，丘處機的西行具有重要的科學價值。首先，他的旅行路線是沿著北緯的蒙古高原經新疆進入中亞地區，大部分線路是過去中土人士所未到過的。

就路程而言，遠遠超過漢代的張騫。

就《長春真人西遊記》所描繪的具體地理線路而言，也有別於《法顯傳》和《大唐西域記》。因此，《長春真人西遊記》的地理學價值就顯得彌足珍貴。

其次，《長春真人西遊記》以精練的筆觸描述了十三世紀蒙古高原、西域及中亞一帶的自然景觀，包括沿途數萬里經過的高山、峽谷、河流、湖泊、沙漠、森林、綠洲的氣候植被，地質地貌，為後世的人們留下了極為難得的自然地理科學資料。

例如，在東北經過蓋裡泊鹽鹼地，途經五天出明昌界，又行六七天入蒙古境內大沙漠，「東北行千里外無沙處，絕無樹木」，而且人煙稀少，清明時節，還有凝冰未化。

關於阿爾泰山附近的大峽谷的地理狀況，「其山高大，深谷長，板車不可行」。

在穿越陰山最為難行的一段山路時，《長春真人西遊記》仔細描寫了當地的地形地貌狀況：

　　渡河而南前經小山，石雜五色，其旁草木不生，首尾七十里，復有二紅山當路。又三十里鹽鹹地中有一小沙井，因駐程。挹水為食，傍有青草，多為羊馬踐履。

　　經過賽里木湖時，《長春真人西遊記》中這樣描寫道：

　　晨起西南行約二十里，忽有大池，方圓二百里，雪峰環之，倒映池中，師名之曰天池。沿池正南下，左右峰巒峭拔，松樺陰森，高逾百尺，自巔及麓，何啻萬株，眾流入峽，奔騰洶湧，曲折灣環可六七十里。

　　準確形象地將賽里木湖的地理位置、方圓面積及周圍山勢水流走向記錄下來。

　　《長春真人西遊記》對所經過的蒙古中部長松嶺山地森林的分布特點也有準確的概括，指出其森林分布限於北坡。

　　對中亞大石林牙地區的地理氣候特點也做了分析對比：「此地其風土氣候與金山以北不同，平地頗多，以農桑為務，釀葡萄為酒，果實與中國同。唯經夏無雨，皆疏河灌溉百谷。」

　　《長春真人西遊記》還將丘處機西行途中所遇的一些自然現象如日食記錄下來。沿克魯倫河南岸西行時，就記錄了五月初的一次日食現象。「五月朔，亭午日有食之既眾星乃見，須臾復明。時在河南岸蝕自西南生自東北」。

　　日食，日面被月面遮掩而變暗甚至完全消失的現象。在月球運行至太陽與地球之間時，對地球上的部分地區來說，月球位於太陽前方，因此來自太陽的部分或全部光線被擋住，因此看起來好像是太陽的一部分或全部消失了。日食分為日偏食、日全食、日環食。

後來在邪公尺思干大城，丘處機路遇一算曆者，丘處機還與他討論起旅行途中所見的日食的原因。說明丘處機在旅行中已經注意到各地的時差問題。

時差，地方時。隨地球自轉，一天中太陽東昇西落，太陽經過某地天空的最高點時為此地的地方時公元一二點，因此，不同經線上具有不同的地方時。同一時區內所用的同一時間是區時。全世界所用的同一時間是世界時，為零度經線的地方時。

其次，《長春真人西遊記》中還詳細記載了大量的人文地理訊息，諸如沿途城鄉的居民人口、民風民俗、宗教信仰、建築、手工業生產狀況等，有助於瞭解十三世紀西域和中亞的人文地理及其變遷情況。

比如丘處機一行至成吉思汗四弟斡辰大王所管轄貝加爾湖地區，關於這一地方的地理狀況和風土人情，《長春真人西遊記》中有詳細記述：

凝水始泮，草微明矣⋯⋯其地涼而暮熱，草多黃花，水流東北，兩岸多高柳，蒙古人取之以造廬。

書中對中亞細亞各城市建築、人口、行業的描寫十分生動。如對烏茲別克斯坦境內撒馬爾干有詳盡的記述，其中有關城市建築、器物制度、民風民俗的記錄都是研究十三世紀中亞地區歷史、人文地理和中西交通的珍貴文獻史料。

《長春真人西遊記》的地理學價值遠不止上述三個方面，其他諸如地質、氣象、水文、物種、礦產方面的記錄也屢見不鮮。如中亞地區古代是棉花的原產地，書中就記載了阿里馬城種植棉花的情況，有助於瞭解棉花種植的歷史。

　　《長春真人西遊記》記載詳明，對於研究中國西北、中亞的歷史地理和自然地理有不可替代的地理學價值。清代學者曾經對《長春真人西遊記》中的地理氣象記錄進行過考證。

　　丘處機本人因此也以地理學家的身分入載《中國古代科學家傳記》一書中，成為地理學界公認的道教地理學家。

閱讀連結

　　一次，成吉思汗打獵射殺一隻野豬時突然馬失前蹄，可野豬卻不敢撲向成吉思汗。

　　事後，丘處機便入諫說：「上天有好生之德，陛下現在聖壽已高，應該少出去打獵。墜馬，正是上天告誡陛下。而野豬不敢靠近，是上天在保護著陛下。」

　　成吉思汗對此十分信服，他告訴左右人說：「只要是神仙的勸告，以後都照做。」

　　有一次，成吉思汗過橋時，橋一下子被雷劈斷了。

　　丘處機便說：「這是上天在警告不孝順父母的蒙古人。」

　　於是，成吉思汗就詔告國人，要聽從神仙的指示，要盡孝道，順從父母。

　　丘處機還多次勸導成吉思汗，治理天下之術以「敬天愛民」為本，應該體恤百姓疾苦，保護黎民生命。

馬可·波羅的東方遊記

馬可·波羅的遊記在十三世紀末年問世後，人們為其新奇可喜所動爭相傳閱和翻印，成為當時很受歡迎的讀物，被稱為「世界一大奇書」，其影響是重大的。

《馬可·波羅遊記》打開了中古時期歐洲人的地理視野，在他們面前展示了一片寬闊而富饒的土地、國家和文明，引起了他們對於東方的嚮往，也有助於歐洲人衝破中世紀的黑暗，走向近代文明。

馬可·波羅頭像

馬可·波羅出生於義大利威尼斯一個商人家庭。他小時候，他的父親和叔叔就曾到東方經商，來到元大都，並朝見過蒙古帝國的忽必烈大汗，帶回了大汗給羅馬教皇的信。他們回家後，跟小馬可·波羅講述了這些在東方旅行的故事，激起了他的好奇心，使他下決心要到中國去。

大汗 「汗」是由蒙文音譯而來的。「大」的意思是至高無上、偉大，或譯為古蒙古部落的首領。「汗」的意思是王、皇帝、帝王等。

清代早期努爾哈赤也曾經稱「汗」。第一個建立蒙古大汗國的人是古代蒙古首領、軍事家和政治家成吉思汗。

公元一二七一年，馬可‧波羅十七歲時，父親和叔叔拿著教皇的回信和禮品，帶著馬可‧波羅及十多位旅伴一起向東方進發了。

他們從威尼斯進入地中海，然後橫渡黑海，經過兩河流域來到中東的古城巴格達，從這裡到波斯灣的出海口霍爾木茲，就可以乘船直駛中國了。

可是，意外的事情發生了：他們在一個小鎮上買東西時，被強盜盯上了。這夥強盜趁他們睡覺時抓住了他們，並把他們關押起來。

半夜裡，馬可‧波羅和父親逃了出來。當他們找來救兵時，強盜早已溜走了，除了叔叔外，別的旅伴不知去向。

馬可‧波羅和父親、叔叔來到霍爾木茲，一直等了兩個月，也沒遇上去中國的船隻，只好改走陸路。這是一條充滿艱難險阻的路。

他們從霍爾木茲向東，越過荒涼恐怖的伊朗沙漠，跨過險峻寒冷的帕米爾高原。一路上跋山涉水，克服了饑渴、疾病的困擾，躲開了強盜、猛獸的侵襲，終於來到了中國的新疆。

一到新疆，馬可‧波羅就被吸引住了：美麗繁華的喀什，盛產美玉的和田，還有花香撲鼻的果園等。

馬可‧波羅他們繼續向東，穿過塔克拉瑪乾沙漠，來到古城敦煌，瞻仰了舉世聞名的佛像雕塑和壁畫。

佛像雕塑是流傳時間最長的一種雕刻。最早期的佛像雕塑多見於石雕石刻，後來銅佛像雕塑開始出現，銅佛像大多形體較小而精

緻，便以攜帶供奉於佛寺和信眾家中佛龕，或藏於佛塔地宮之中，從古流傳至今，有很高的收藏價值。

接著，他們經玉門關看到了萬里長城。最後穿過河西走廊，終於到達元代北部都城上都。

這時，距他們離開祖國已經過去四個寒暑了。

馬可·波羅的父親和叔叔向忽必烈大汗呈上了教皇的信件和禮物，並向大汗介紹了馬可·波羅。

大汗非常賞識年輕聰明的馬可·波羅，特意請他們進宮講述沿途的見聞，並攜他們同返大都，後來還留他們在朝中當官任職。

聰明的馬可·波羅很快學會了蒙古語和漢語。他奉大汗之命，巡視各地，走遍了中國的山山水水，中國的遼闊、富饒，讓他驚奇不已。

馬可·波羅先後到過新疆、甘肅、內蒙古、山西、陝西、四川、雲南、山東、江蘇、浙江、福建等省區，以及北京等五十多個城市。其間，還在揚州做過三年地方官，又奉命出使外國，到過越南、緬甸、印尼等地。

每到一處，他總要詳細考察當地的風俗、地理、人情。回到大都後，又向忽必烈大汗做了詳細匯報。

公元一二八八年，馬可·波羅在中國遊歷了十七年，隨著時間的推移，他越來越想家。

這年春天，馬可·波羅和父親、叔叔受忽必烈大汗的委託，護送一位蒙古公主到波斯成婚。他們趁機向大汗提出回國的請求。

大汗答應了他們，在完成使命後，他們可以轉路回國。

又經過三年跋涉，公元一二九一年，馬可·波羅他們終於回到了久違的親人身邊。他們從中國回來的消息迅速傳遍了整個威尼斯，他們的見聞引起了人們的極大興趣。他們從中國帶回來的無數奇珍異寶，使他們一夜之間成了威尼斯的巨富。

壁畫即人們直接畫在牆面上的畫。作為建築物的附屬部分，它的裝飾和美化功能使它成為環境藝術的一個重要方面。壁畫為人類歷史上最早的繪畫形式之一。隨著宗教信仰的興盛，壁畫廣泛應用於寺觀、石窟，例如敦煌莫高窟壁畫等。

後來，馬可·波羅參加了威尼斯與熱那亞的忽必烈戰爭，不幸被俘，被關進監獄。一年的獄中生活，遠東尤其是中國的經歷和見聞，成了慰藉他在獄中心靈的一劑良藥。

他在獄中遇到了一位名叫魯思梯謙的讀書人，於是就有了馬可·波羅口述、魯思梯謙記錄整理的《馬可·波羅遊記》。

《馬可·波羅遊記》盛讚中國的繁盛昌明：

發達的工商業、繁華熱鬧的市集、華美廉價的絲綢錦緞、宏偉壯觀的都城、完善方便的驛道交通、普遍流通的紙幣等。

在中國古代，絲綢就是蠶絲織造的紡織品。中國是世界上最早飼養家蠶和繅絲織綢的國家。中華民族的祖先不但發明了絲綢，還倡導絲綢、利用絲綢，使其在服飾上、經濟上、藝術上及文化上均散發出燦爛光輝，進而使絲綢衣披天下。絲綢在某種意義上說，代表了中國悠久燦爛的文化。

紙幣是代替金屬貨幣進行流通，由國家發行並強制使用的貨幣符號。與金屬貨幣相比，紙幣的製作成本低，更易於保管攜帶和運

輸，避免了鑄幣在流通中的磨損。世界上最早出現的紙幣，是中國北宋時期四川成都的「交子」。

書中的內容，使每一個讀了這本書的人，都對中國的文明和財富無限神往。

馬可·波羅之前的中國，在西方人的心目中是個模糊甚至根本不存在的國度。《馬可·波羅遊記》揭開了蒙在中國身上的神祕紗幕，第一次向西方詳細介紹了具有高度文明的中國。

與此同時，還向西方介紹了緬甸、印度支那、爪哇、蘇門答臘、日本等國家和地區。

事實上，此書在地理學和地理大發現方面，具有極為重要的意義。馬可·波羅從地理學的角度初步揭示了開闢新航路的可能性。當歐洲出現了資本主義的萌芽，渴望黃金和市場的時候，歐洲人就更加渴望去到遠東的中國。

西方地理學家還根據《馬可·波羅遊記》的描述，繪製了世界上最早的「世界地圖」。這終於引發了新航路的開闢和地理大發現。

地理大發現前一階段的重要人物，幾乎都讀過《馬可波羅遊記》，探險家們每到某個陌生的地方，總是要找《馬可·波羅遊記》中描繪的城市、地區或國家。

中世紀最受推崇的地理學家、天文學家托勒密認為，只有取道陸路才能到達中國。而在馬可·波羅的遊記中，記載了亞洲大陸的東部並未被不可踰越的沼澤封閉，而是可以透過長長的海岸線乘船航海到達。

當時的葡萄牙親王亨利是十五世紀西歐航海探險以及地理大發現事業的開拓者、奠基人。他有一本《馬可·波羅遊記》的手抄本並時常翻閱。

他改進船舶設計和繪製地圖，完善航海儀器和收集航海遠行資料，使得哥倫布、麥哲倫等偉大的航海家能夠借助這些條件，實現遠航的夢想。英國史學家比茲利稱亨利為哥倫布、麥哲倫等人的「老師和校長」。

十五世紀末著名的佛羅倫薩地理學家、西渡大西洋至東方的熱心倡導者托斯堪內里也看過《馬可·波羅遊記》。他於公元一五七四年給葡萄牙主教馬丁列沙寫信，提出了由西行到東方去的具體設想。後來哥倫布曾多次向他請教，互通書信。

托斯堪內還向哥倫布提供了一張他繪製的一幅大西洋以東是歐洲，以西是亞洲的地圖，哥倫布看了這張地圖，這正是自己眼下所最需要的。

托斯堪內里的意見和地圖促使對哥倫布下定決心西航。

馬可·波羅對哥倫布的影響是最深的，《馬可·波羅遊記》中提到中國的君主是蒙古大汗，所以他在首次遠航時，還帶著西班牙國王致蒙古大汗的國書及兩份空白的備用國書。

航抵美洲東部沿海後，他還以為到了亞洲東部沿海，曾經到處尋找馬可·波羅在遊記仲介紹的「行在」。在馬可·波羅的重大影響下，哥倫布的航海便逐步成為了現實。

行在專指天子巡行所到之地。比如宋高宗趙構即位後，為避金兵進攻，以巡幸為名，先後流亡至揚州、平江府、杭州、建康府、

紹興府等地，均以「行在」名之。歷史上，杭州、北京都曾經作為行在，可以反映當時的歷史狀況。

馬可·波羅作為西方與東方交流溝通的偉大旅行家，他所著的《馬可·波羅遊記》初步揭示了開闢新航路的可能性，對大航海時代的興起，地理大發現都造成了直接的催化作用。

就此拉開了西方大航海時代舞台的序幕。

閱讀連結

在中國考古學史上，有四大發現對中國古典文獻研究產生深遠影響，其中一個就是公元一九○九年在內蒙古黑水城裡發現的西夏及宋元文書。黑水城就是馬可·波羅稱的「亦集乃城」。

馬可·波羅在他的遊記中詳細告知他前往「亦集乃城」的時間和路線：從甘州出發，騎行十六日，「可抵一城名曰亦集乃。城在北方沙漠邊界，屬唐古忒州」。馬可·波羅看到的亦集乃城此前是個廢棄的西夏軍城，現在已有不少的駱駝和牲畜，當地人因為農業和畜牧業的發達，而不經商。

▍鄭和七下西洋出訪各國

鄭和七下西洋是指明代初期，鄭和奉命出使七次下西洋的航海活動。鄭和下西洋規模之大、範圍之廣、時間之長都是空前的。

鄭和下西洋在航海活動上達到了當時世界航海事業的頂峰，開闢了貫通太平洋西部與印度洋等大洋的直達航線，為世界航海事業做出了重大的貢獻。

公元一四〇五年七月十一日，明成祖朱棣命宦官鄭和率領兩百四十多艘海船、二十七萬餘船員的龐大船隊遠航，拜訪印度洋的國家和地區。

從公元一四〇五年至一四三三年的二十八年間，一共遠航有七次之多。曾到達過爪哇、蘇門答臘、蘇祿、彭亨、真臘、古里、暹羅、榜葛剌、阿丹、天方、左法爾、忽魯謨斯、木骨都束等三十多個國家。最遠曾達非洲東部，紅海、麥加，並到過澳大利亞、美洲和紐西蘭。

鄭和雕像

從航海發展史角度看，鄭和下西洋的航線具有創新性的突破。重要航線有五十六條，航線總長近二十五萬公里。

第一次從蘇州劉家港出發，經歷爪哇、蘇門答臘、錫蘭、印度西海岸的柯欽以至古里。

第二次沿同樣的路徑至古里。

第三次以東印度洋為中心，從爪哇、蘇門答臘往錫蘭，又北上印度東海岸，抵孟加拉灣，然後折回馬六甲海峽，在馬六甲修築城塞後返國。

第四次又經東印度海岸折往波斯灣，到達霍爾木茲。也有人認為這次遠航到達東非沿海。

第五次與前次航線相同，抵達波斯灣。又另分一支船隊經由阿拉伯南岸遠航至東非沿海的摩加迪沙、布臘瓦、馬林迪等地。

第六次，除駛入波斯灣外，另有分隊繞東非沿海諸港口航行。

第七次進行了經由印度西海岸入波斯灣的最後一次航行。這次，鄭和的部下到達了阿拉伯的麥加。

鄭和下西洋是當時世界航海事業的頂峰，後世幾百年中，幾無人能及。之所以能夠七次遠航，依靠的是先進的天文航海技術和地理航海技術，以及內容準確、詳盡的《鄭和航海圖》。

在天文航海技術方面，中國很早就可以透過觀測日月星辰測定方位和船舶航行的位置。

鄭和船隊已經把航海天文定位與導航羅盤的應用結合起來，提高了測定船位和航向的精確度，人們稱「牽星術」。用「牽星板」觀測定位的方法，透過測定天的高度，來判斷船舶位置、方向、確定航線，這項技術代表了那個時代天文導航的世界先進水。

牽星術是利用天上星宿的位置及其與海平面的角高度，來確定航海中船舶所航行的位置及航行方向的方法，因此又稱為「天文航海術」。早在中國秦漢時代，人們已經知道在海上乘船看北星就可以辨識方向。元明時期，中國在天文航海技術方面已能觀測星的高度來確定地理緯度。

在地理航海技術方面，鄭和以海洋科學知識和航海圖為依據，運用了航海羅盤、計程儀、測深儀等航海儀器，按照海圖、針路簿記載來保證船舶航行路線方向。

航行時確定航行的線路，叫做針路。羅盤的誤差，不超過二十五度。

　　《鄭和航海圖》得以傳世，多虧明代末期儒將茅元儀收錄在《武備志》中。海圖中記載了五百三十多個地名，其中外域地名有三百個，最遠的東非海岸有十六個。標出了城市、島嶼、航海標誌、灘、礁、山脈和航路等。其中明確標明南沙群島、西沙群島、中沙群島，後來中國以鄭和等命名南海諸島礁，紀念這位偉大的航海家。

　　《鄭和航海圖》是世界上現存最早的航海圖集。該圖與同時期西方最有代表性的波特蘭海圖相比，《鄭和航海圖》製圖範圍廣，內容豐富，實用性強。

　　牽星板是測量星體距水平線高度的儀器。以一條繩貫穿十二塊正方形木板的中心，觀察者一手持板，手臂前直，另一手持住繩端置於眼前。此時，眼看方板上下邊緣，將下邊緣與水平線取平，上邊緣與被測的星體重合，然後根據所用之板屬於幾指，便得出星辰高度的指數。

　　除此之外，鄭和的航行之舉，其船舶規模之大，人員之眾，組織之嚴密，氣魄之雄偉，歷時之久，遠非地理大發現時的西方船隊所能比擬。僅就船舶一項而言，一般每次達二百餘艘，其中有大、中、巨型寶船六十餘艘，其載重量為一千五百噸。

　　像鄭和這樣在近三十年的時間裡頻繁活動於海洋之上的航海家，在世界航海史上也是不多見的。

　　鄭和下西洋不僅在航海技術和船隊規模上領先於世界，而且在世界航海史上，早在地理大發現之前，便開闢了貫通太平洋西部與印度洋等大洋的直達航線，發現了美洲和大洋洲。遠遠超過葡萄牙、西班牙等國的航海家，如麥哲倫、哥倫布、達·伽瑪等人，堪稱是地理大發現的先驅。

鄭和船隊的世界地圖的精確繪製時間是公元一四二三年，歐洲探險者在起航前，地圖上已經有了他們前往的國家和地區，繪製精確並且標明了航程。這表明中國先於歐洲人的航海發現。

從鄭和下西洋船隊的航海時間上看，也是中國航海發現的有力證明。鄭和第一次下西洋是在公元一四〇五年，比哥倫布公元一四九二年發現美洲「新大陸」早八十七年，比達‧伽瑪公元一四九八年繞過好望角到達印度海岸早九十三年，比麥哲倫環球航行早一百一十多年。

鄭和下西洋表明了中國在政治、經濟、文化以及科學技術領域居於世界領先地位，也在世界航海歷史和地理大發現歷史上，都開創了舉世公認的成就。

閱讀連結

鄭和第一次下西洋時，到達爪哇島上的麻喏八歇國。當時這個國家的東王、西王正在打內戰。鄭和船隊的人員上岸到集市上做生意，西王誤認為是東王軍，結果被誤殺一百七十人。

鄭和艦隊是當時世界上最強大的艦隊。事件發生後，西王十分懼怕，又派使者謝罪，又要賠償六萬兩黃金。鄭和得知誤殺，又鑒於西王請罪受罰，便稟明代皇朝和平處理這一事件。

明代皇朝決定放棄對麻喏八歇國的賠償要求，西王知道這件事後，十分感動，兩國從此和睦相處。

山河丈量——測量與繪圖

　　中國古代測繪在長期的發展過程中，總結出了具有獨創性的測繪方法，並形成了獨有的測繪傳統，一脈相承，前後相繼。在一定歷史時期，中國測繪技術在世界上處於先進地位。

　　中國古代測繪經歷了三皇五帝至商代的測繪誕生與初創期，秦漢測繪體系初成期，宋元明時期的大發展，以及清代測繪由傳統測繪向近代測繪的過渡時期。在這之中，裴秀的製圖六體及賈耽、沈括等人的貢獻，有多項在世界上屬於首創。

▌古代測繪發展歷程

　　測繪在中國是一門古老的科學，是先祖在屯田、墾殖、興修水利以及古城建築的規劃設計的生產實踐中產生的。同時，測繪隨著政治、經濟、軍事等方面的需要而發展和提高。地理測繪是其中重要的一個方面。

地理探究：地學歷史與地理科技
山河丈量——測量與繪圖

中國古代有許多地理測繪方面的科技成果，在當時都領先於世界。

據傳說，夏禹時期有個本領高強的人叫豎亥，是夏禹的徒弟，曾經受夏禹之命步量世界大小，其實就是進行大範圍測繪。

豎亥是一個步子極大，特別能走的人。他接受夏禹的命令後，率領專員踏遍了中華大地，進行了較精確的測量。《淮南子·墬形訓》中說「豎亥步自北極，至於南極，二億三萬三千五百里七十五步」。

大禹雕塑

他們在測量時，發明了測量土地的步尺，為華夏民族的計量學創造了測量儀器，這就是步尺和量度的基本單位尺、丈、裡等，當為華夏量度制的鼻祖。

這個故事說明，先民為發展農業，在與洪水的鬥爭中，就已經開展過規模較大的測繪工作。

西漢史學家司馬遷也在《史記·夏本紀》中記載了夏禹治水的故事，「左準繩，右規矩，載四時，以開九州，通九道」。

這句話中的「準」是測高低的；「繩」是量距的；「規」是畫圓的；「矩」則是畫方形和三角形的；「步」，是計量單位，折三百步為一里。

禹治水成功後，促進了農業生產的發展，使夏代進入盛世時期，各部族和九州首領向大禹進貢圖畫、金屬等物品，禹命工匠鑄成九鼎，並刻上圖。

九鼎上的圖有九州的山川、草木、道路以及禽獸的分佈情況，這就是古代的原始地圖，供人們外出交往溝通、狩獵時參考。

　　《晉書》中有段記載，在夏商周三代，已設置了「地官司徒」官職，專司管理全國地圖。可見當時已經測繪了相當數量的地圖，以至需專人管理。

　　秦漢時期，封建王朝已把地圖視為權力的象徵，極為重視。這時的地圖品種逐漸增多，有土地圖、戶籍圖、礦產圖、天下圖、九州圖等。

　　相傳古代大禹治水時，把天下分為九州，於是九州就成了中國的代名詞。根據《尚書·禹貢》的記載，九州分別是：徐州、冀州、兗州、青州、揚州、荊州、梁州、雍州和豫州。

　　秦始皇統一中國後，立即收集各類地圖，「掌天下之圖以掌天下之地」，思路、觀念極其明確。而且，朝廷由「大司徒」專門管理，地方派「土訓」管理，兩者都是管地圖的官司職稱呼。

　　劉邦率軍進入咸陽時，富有遠見的蕭何立即把秦代地圖全部安置於堅固的資料庫裡，後來這些地圖為漢代初期制定各項制度提供了基礎訊息。

　　地圖資料的積累也促進了天文測量的進步。西漢人們已能運用勾、股、弦和相似三角形來推算距離。測量面積方法的增多，也促進了測繪技術的發展。

　　甘肅省天水放馬灘的秦墓中曾經出土了七幅木刻地圖，分別為政區圖、地形圖和經濟圖。圖的方位上北下南、左西右東，載地名多處，山名兩處，溪谷、關隘、亭都有記載，是世界上最早的木刻地圖。

漢代畫像石上繪有禹的使臣，拿著繪圖與測量的儀器規和矩。在測量的基礎上，使地理概念得到了極大的豐富和發展。

測量和計算是一對孿生兄弟。三國時期的測算專著《海島算經》，是三國時期的數學家劉徽所著。他在為《九章算術》作注時，寫了《重差》一卷，附於該書之後。唐代數學家李淳風將《重差》單列出來，取名「海島算經」，並列為中國古代的數學經典《算經十書》之一。

劉徽 （約公元二二五年至二九五年），山東鄒平人，魏晉期間偉大的數學家，中國古典數學理論的奠基者之一。劉微是中國最早明確主張用邏輯推理的方式來論證數學命題的人。他的代表作有《九章算術注》和《海島算經》等。

該書全部九個算例均涉及測高望遠及其計算問題。分別是：「望海島」，即測量海島的高度；「望松」，即測量山上的松樹的高度；「望邑」，即測量城市的大小；「望谷」，即測量澗谷的深度；「望樓」，即居高測量地面上塔樓的高度；「望波口」，即測量河流的寬度；「望清淵」，即測量清水潭的深度；「望津」，即從山上測量湖塘的寬度；「臨邑」，即從山上測量一座城市的大小。

為解決這些問題，劉徽提出了重表法、連索法和累距法等具體的測量和計算方法。這些方法歸結到一點，就是重差測量術。

重差測量術是借助矩、表、繩的簡單測量工具，依據相似直角三角形對應邊成比例的內在關係，進行測高、望遠、量深的理論和方法。

子午線 也稱「經線」，它和緯線一樣是人類為度量方便而假設出來的輔助線，定義為地球表面連接南北兩極的大圓線上的半圓弧。

任兩根經線的長度相等，相交於南北兩極點。每一根經線都有其相對應的數值，稱為「經度」。經線指示南北方向。

《海島算經》是一部影響久遠的測算專著，詳細揭示的重差測量理論和方法，成為古代測量的基本依據，為實現直接測量，即步量或丈量向間接測量的飛躍架起了橋梁。直至近代，重差測量理論和方法在某些場合仍有借鑑意義。

三國之後，晉王朝建立，天下又出現了統一的局面。著名的製圖學家裴秀，在總結前人經驗的基礎上，創造了「製圖六體」，幾乎把現代地圖的測制原則全都扼要地提到了，這在中國製圖發展史上具有劃時代的意義，對後代測制地圖有著深遠影響。

唐代初期，中國疆域遼闊，為了便於統治，唐太宗李世民曾規定全國各州、府每年要修測地圖一次。可見當時已建立起對地圖的實時概念。

唐德宗曾令製圖學家賈耽繪製全國大地圖。賈耽完成的《海內華夷圖》，顯示出當時大唐疆域東西一點五萬公里，南北一點七五萬公里，相當於當代一幅亞洲地圖。

唐德宗（公元七四二年至八〇五年），李適，是肅宗的長孫、代宗的長子。是除了武則天以外的唐代第九位皇帝，諡號為「神武孝文皇帝」。在位前期，堅持信用文武百官，嚴禁宦官干政，頗有一番中興氣象；但在執政後期委任宦官為禁軍統帥，由是朝廷益弱。

唐代著名天文學家一行，在世界上首次用科學方法測量子午線的長度。他根據不同地點的日影變化，求得北極星高度差一度，則地上南北距離差一百七十五點五公里又八十步，而且是不均勻的。這一發現比其他國家要早一千多年。

　　宋代王安石變法時，曾開展大規模的農田水利建設。在推行新法的六十七年間，全國興修水利十萬餘處，灌田兩百萬公頃，其間完成了大量的勘察與測繪工作。

　　王安石變法為北宋時期改革家王安石針對當時「積貧積弱」的社會現實，以富國強兵為目的，而掀起的一場轟轟烈烈的改革。頒布了「農田水利法」、均輸法、青苗法、免役法、市易法、方田均稅法，並推行保甲法和將兵法以強兵。變法取得的成果是有目共睹的。

　　北宋科學家沈括曾主持治理一條四百二十公里長的水渠，他採用「分層築堰法」，測出長渠兩端的高差為十九點四八六丈。沈括還奉旨用十二年的時間修編了《天下州縣圖》，把圖上的方位由八個增加至二十四個，提高地圖的精準度。

　　沈括經過對北極星連續三個多月的觀測，繪製了兩百多張北極星與磁北方向圖，發現了磁偏角。這是個史無前例的發現，對測繪有著重大的科學價值，比哥倫布橫渡大西洋時發現磁偏角要早四百年。

　　郭守敬（公元一二三一年至公元一三公元一六年），字若思。生於元朝順德邢台，即今河北省邢台。元朝的天文學家、數學家、水利專家和儀器製造專家。郭守敬修訂的新曆法《授時曆》，是當時世界上最先進的一種精良的曆法，通行三百六十多年。公元一九八一年，為紀念郭守敬誕辰七百五十週年，國際天文學會將月球背面的一環形山命名為「郭守敬環形山」，將小行星 2012 命名為「郭守敬小行星」。

元代天文學家郭守敬用自製的儀器觀測天文，發現黃道平面與赤道平面的交角為二十三點三三度，而且每年都在變化。如果按現在的理論推算，當時這個角度是二十三點三二度，可見當時觀測精度是相當高的。

郭守敬還發明了一些精確的內檢公式和球面三角計算公式，給大地測量提供了可靠的數學基礎。

當時，為興修水利，郭守敬還帶領隊伍在黃河下游進行大規模的工程測量和地形測量工作，使許多重要工程得以科學設計、合理施工，節省了大量的人力物力。

還有一點，更是值得一記：在中國乃至世界歷史上，中國元代科學家郭守敬是第一位用平均海水面作為高程起始面的人。

明代鄭和下西洋時的航海圖是中國古代測繪技術的又一傑作。

鄭和七次下西洋，最遠到達非洲的索馬里、阿拉伯、紅海一帶，使明初的海疆超過了漢代和唐代。《鄭和航海圖》一直保存至現代，是中國最著名的古海圖，也是中國最早的一幅亞非地圖。

清代的康熙皇帝在測繪的發展上是個有作為的領導人物。他出生於指揮戰爭和鞏固政權需要的年代，對瞭解各地山川地貌特別重視，曾經親自領導全國性的大地測量和地圖測繪工作。

康熙首先統一了全國測量中的長度單位，依據對子午線弧長的測量結果，親自決定以兩百里合子午線一度，每里長一千八百尺，每尺為子午線長的百分之一秒。

　　他還利用傳教士培訓測繪人才，購置測繪儀器。從北京附近開始，先後測繪了華北、東北、內蒙古、東南、西南、西藏等地區的地圖，然後編繪《皇輿全圖》。

　　清乾隆即位後，又編繪了《西域圖志》和《亞洲全圖》，這些圖都是當時世界上極為重大的測繪成果，標誌著中國測繪科技曾一度走在世界的前列。包括這之前考古工作者發掘出土的古地圖在內，它們對研究中國古今地理、水系、湖泊的動態變遷有著極其重要的科學價值。

　　縱觀中國古代測繪史，在數以千年的歷史長河中，它的進步與發展，基本上是以朝代為單元，以個人出眾的勤奮和才華而獨立的。但是，以史為鑒的測繪成果，全都熠熠生輝，璀璨奪目。

閱讀連結

　　地圖在中國的使用很早。千百年來，在中國民間廣泛流傳著的《河伯獻圖》的神話故事，就是古代使用地圖的例子。

　　河伯是黃河的水神，傳說大禹治水三過家門而不入的精神感動了河伯。禹為治水踏遍山川、沼澤，忽一天看見河伯從黃河中走來，獻出一塊大青石，禹仔細一看，原來是治水用的地圖。禹借助地圖，因勢利導，治水取得了成功。

　　「傳說」雖然不能證實地圖起源的具體時代，但從側面說明，約在四千年以前，中國先民已經使用地圖了。

值得稱道的古代軍事地圖

　　中國古代地圖多數都是局部的，很少有關於整個國家的或者大範圍的地圖。軍用地圖更多數是臨時做出來的，而沙盤也是古代的偵察兵斥候根據臨時偵察出的地形製作的。

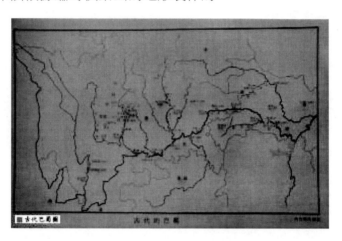

古代的巴蜀

　　相傳，黃帝曾與蚩尤發生戰爭，黃帝命他的一位大臣史皇，繪製地形物象之圖。這幅地圖在黃帝與蚩尤的戰爭中，對黃帝戰勝蚩尤起了很大作用，黃帝利用這個圖將蚩尤擒殺於冀州之野。

　　原始時期，先民部落生存極為艱難，無論東討西伐擴大領地範圍，爭奪更多資源，還是躲避洪水猛獸，風雷雨雪自然災害的侵襲，最迫切需要的就是根據天文、方位、地形情況，來決定部落是否出征、遷徙的占卜圖形或標註河流、地貌的生活實用圖形。

　　史皇繪製的原始地理圖形，在實現占卜天地、祭祀神鬼等功能的同時，也很容易成為黃帝應用於作戰中的參考和採取不同戰法的依據，成了黃帝的取勝法寶。

　　黃帝利用史皇圖中顯示的地理形貌情況排兵布陣，派出大將應龍在高處築壩蓄水阻擋蚩尤，使用馴養的猛獸透過有利的地形直接沖入蚩尤陣營廝殺。

　　黃帝還利用天文情況的變化贏得戰機。他根據蚩尤意欲借助大霧瀰漫的天象亂中取勝的情況，巧借大霧之後的狂風大作、沙塵飛揚的氣象變化，依靠指南車的指引乘勝追擊，活捉蚩尤。

　　這些過程精彩絕妙之處，正是中國原始時期地圖作用的凸顯和對地理特徵、氣象變化為我所用的結果。

　　春秋戰國時期，地圖已普遍用在軍事上。《管子·地圖篇》記載，凡主兵打仗，必須先看圖，知地形，才不致失利。《孫子兵法地形篇》也記載，沒有地圖、不知地形，必敗。

　　這一時期的軍事地圖都刻在木板上，包括山脈、河川、城鎮、道路等相關位置，具有一定的比例，而且廣泛應用了指南針。

　　至秦代，應用軍事沙盤研究作戰的情況已經出現。《史記·秦始皇本紀》記載：「以水銀為百川江河大海，機相灌輸，上具天文，下具地理。」

　　軍事沙盤是將地形地貌或很大的物件濃縮到一張桌子大小的台子上，使人可以微觀地觀摩宏觀的物體。各個不同的時期製作沙盤的工藝和材料不盡相同，沙盤在古代乃至現代的戰爭中發揮了重要作用。

　　據說，秦國在部署滅六國時，秦始皇親自堆制沙盤研究各國地理形勢，在李斯的輔佐下，派大將王翦進行統一戰爭。後來，秦始皇在修建陵墓時，墓中堆塑了一個大型的地形模型，以地形模型作為殉葬品，這說明秦始皇從統一戰爭中認識到地圖之重要。

秦始皇陵墓中的模型中不僅砌有高山、丘阜、城邑等，而且用水銀模擬江河、大海，用機械裝置使水銀流動循環。可以說這是最早的沙盤雛形，至今已有兩千兩百多年歷史。

　　考古工作者曾在湖南省長沙馬土堆三號墓中出土了三幅繪於絹帛上的地圖，包括駐軍圖、地形圖和城邑圖。其中的駐軍圖反映當時軍隊守備作戰的兵力部署。

　　駐軍圖具有專門軍事用途的特點，突出顯示了駐軍名稱、布防分布位置、城堡、要塞、烽火台、水池、防區界線等情況。是現在世界上所能見到的最早的彩繪軍事地圖，體現了當時精湛的地理地圖知識水準。

　　駐軍圖把與駐軍活動有關的內容，用鮮豔奪目的重色表示在主要層次之上。顯眼的三角形城堡，表示大本營，紅、黑兩色套框則表示要塞。

　　而將一般的山脈、河流等地理基本要素用淡調的青色標出，放到了圖面的底圖次要層次之上。層次分明，一目瞭然，這與現代專門地圖的多層次平面表示法相類似。

　　駐軍圖中的山脈用「山」字形象形符號，山脊用單線表示走向。河流用青的淡色。這就減輕了非專門內容在圖面上的載負量，達到突出專門內容、突出主題的實際效果。

　　駐軍圖中的居民點用紅圓圈表示，其註明戶數，無人居住也註明，有人的居民點最多戶、最少戶。道路多與主要居民點相連，用醒目的紅色表示。

駐軍圖反映了駐軍營地的地形情況。駐軍營地選擇有利地形條件。城堡多選擇環水靠山之處，並分設崗樓控制地形。它體現了中國古代傳統的複式兵力部署，重視利用地形的守思想。

烽火台是古時用於點燃煙火傳遞重要消息的高台，為古代重要軍事防禦設施，為防止敵人入侵而建。遇有敵情發生，則白天施煙，夜間點火，台台相連，傳遞消息。是最古老但行之有效的消息傳遞方式。

駐軍圖中清楚地標明了當時一線兵力、二線兵力、指揮部、預備隊等構成的梯形軍事部署。在防區的山脊上還標繪出烽火台，它們既是前沿觀察哨所，也是當時的通訊設施。

據《後漢書·馬援傳》記載：公元三二年，光武帝征伐天水、武都一帶地方豪強隗囂時，大將馬援「聚米為山谷，指畫形勢」，使光武帝頓有「虜在吾目中」的感覺。這是中國戰爭史上運用沙盤研究戰術的先例。

隋唐時期是中國封建社會的盛世，政治、經濟空前繁榮，科學文化長足發展，古代科學技術體系發展至成熟階段。在這種背景下，軍事測繪技術如軍事地圖製作、軍事工程測量、軍事地理調查等方面也取得了一系列重大成就。

隋唐時在兵部下設職方司主管軍事測繪，包括全國及周邊地區地圖的測繪與管理。《隋書·百官志》記載，兵部下設的職方司主管地圖。

在唐代職方司掌握著東西南北中五方區域的軍事地理的動態變化，如軍事重鎮、戍守地點或區域，以及烽火台和城防，這些軍事地理要素在軍事地圖上歷歷在目。

隋唐時期，軍事地圖製作呈現出空前的繁榮。據《新唐書·藝文志》記載，當時保存的地理圖籍有一百六十部，一千兩百九十二卷，其中各類地圖十八種，四百八十九卷。這些地圖中，著名的軍事地圖或具有軍事用途的地圖主要有：

隋代虞茂編撰的《區宇圖志》一百二十八卷；朗茂編撰的《諸州圖經集》一百卷；負責西北軍務的裴矩編制的《西域圖志》三卷。

唐代則有賈耽主持編繪的關中隴右及山南九州等圖、《海內華夷圖》、《貞元十道圖》；李吉甫主持編繪的《十道圖》十卷、《元和郡縣圖志》四十卷，其中只有《元和郡縣圖志》部分流傳下來。

此外，隋唐時期還出現了大量的區域性地圖，如《河北險要圖》、《淮西地圖》等，這些地圖成為軍事地圖的重要組成部分。

北宋時期，著名科學家沈括發展了沙盤製作方法，把大宋與契丹接壤的沿邊地形製成木製地形模型。為方便起見，後來改為石麵糊木屑做在木面板上，他所在的定州，冬天寒冷，容易脫落，又改用熔蠟製作。

報送皇上，宋神宗看後甚為嘉評，並下詔邊疆州傚法製作。因適用於軍事，很快得到推廣。

元代製圖學家朱思本，以實地調查資料，參考前人著作，費時十年繪成的《輿地圖》，取材廣博，取捨慎重。採用計裡畫方製圖方法，精確程度超過前人，是中國地圖史上一幅很有影響的地圖。可惜圖幅太大，不便攜帶翻刻，現已失傳。

朱思本為元代地理學家、地圖製圖學家。他周遊河北、山西、山東、河南、江蘇、安徽、浙江、江西、湖北、湖南十省。他繼承了魏晉間裴秀和唐代賈耽的畫方之法，即畫圖時打上方格，每格代

表一定里程，繪製了《輿地圖》，使他成為元代地理學及中國地圖史上的劃時代人物。

計裡畫方是中國古代按比例尺繪製地圖的一種方法。繪圖時，先在圖上布滿方格，方格中邊長代表實地里數；然後按方格繪製地圖內容，以保證一定的準確性。據史料記載，這種方法始於中國晉代裴秀提出的「製圖六體」原則。在中國和世界地圖製圖學史上具有重要意義。

《輿地圖》以中國為主體，外國作為襯映，內容較詳細，圖形輪廓較準確。此圖系統地使用了圖例符號，成為元明清各代初年繪製全國總圖的範本。

明代羅洪先將朱思本《輿地圖》加以改繪，取名為《廣輿圖》。這部圖集是以明代版圖為核心，按行政區劃分幅的當時地理視野所及的世界地圖集。另外，該圖集又配以與國民經濟關係切要的一些專門性地圖。

因此，構成明代一部體例完備的全國綜合性地圖集。這本圖集在明清兩代多次翻刻，流傳很廣，影響很大。

《廣輿圖》由四十五幅地圖組成圖集，其中包括《九邊圖》、《海防圖》、《江防圖》等幅，具有明顯軍事性質。

《九邊圖》是明代朝廷為了防禦北方瓦剌族騷擾，東起鴨綠江，西至嘉峪關，將所設的九個邊防重鎮，即遼東、宣府、大同、延綏、寧夏、甘肅、薊州、太原、固原分別刻繪一幅地圖。每鎮均駐重兵把守，是一個相聯繫的北方防禦體系。

每邊圖旁都有簡略的圖說，介紹駐軍人數，下屬各邊鎮兵馬數目以及囤積糧草情況。

薊州，中國古代行政區劃名。唐朝年間析幽州置，治漁陽，即今天津薊縣。轄境約今天津薊縣，河北省三河、遵化、興隆、玉田、大廠等市縣和唐山市豐潤、豐南區地。金以後西部轄境縮小。明洪武初省漁陽縣入州。清不轄縣。公元一九一三年改為薊縣。

　　明代兵部職方主管地圖的主事陳祖綏曾經對歷史上遺留下來的舊圖做了詳盡的研究，繪製出一幅體現重視軍事要素的《皇明職方地圖》。

　　該圖出於陳祖綏任兵部本職工作的需要，側重於軍事要素的繪製。例如，在繪製邊疆各地理要素上，改舊圖詳繪境內而疏境外的缺點。還把舊圖明王朝失去的土地，也繪於圖內，他說絕不可「棄而不問」，用來激發光復國土的信念。

　　製圖學也稱「地圖學」。測繪學的一個分支，研究地圖及其編制和應用的一門學科，具有區域性學科和技術性學科的兩重性。

　　《海防圖》也是明代一種軍事地圖。海圖內，不僅有倭寇入侵沿海的路線圖，而且有《沿海沙山圖》，該圖繪有沿海城鎮、島嶼、山、海、沙灘、海岸線以及屯兵營地等要素。

　　著重表示沿海一帶山脈地形、河口海灣、小島礁石、軍營、指揮所、烽火台等。圖的方位多以大陸為下端，海為上端。

　　《江防圖》也是明代出現的一種軍事地圖。它同海防圖如同一對孿生姐妹，現存較完整的明代江防圖是《鄭開阻雜著》中的《江防圖》。圖內繪有長江兩岸的地形、居民地、城鎮和城牆、城樓、江中島嶼、江防兵要說明等。

　　明末清初，西方的測繪技術對中國的製圖學影響很大，使中國的製圖學進入近代製圖學發展的新時期。康熙帝對測量地理和繪製

地圖很感興趣，在其三次親征噶爾丹及巡遊東北時，都令人隨時隨地測量經緯，為製圖做準備。

清代朝廷繪製地圖，已經注意對邊疆地區的歷史沿革的考察和經緯度的測量。

比如雍正時期《皇輿圖》除了反映中國當時的東北、蒙古、新疆、西藏以及內地十五省的地形和政治、軍事情況，還包括西伯利亞、帕米爾以西地中海以東的中亞山川、河流、居民等地理內容，實為中外大地圖。

清代在繪製地圖時，十分明確地標出其對領土的主權範圍和邊疆地區的有效管轄範圍。尤其注意西藏、新疆和東南海域的疆域。清代類似的地圖，都具有明顯軍事性質。

清代繪製的國家地圖不僅是國家疆域範圍在十八世紀的象徵和有力證據，而且在科學技術上具有很高的學術價值。

閱讀連結

相傳在中國上古時期，九黎族部落酋長蚩尤原為炎帝臣屬，炎帝被黃帝擊敗後，蚩尤舉兵與黃帝爭霸。蚩尤三頭六臂，銅頭鐵額，刀槍不入。善於使用刀、斧、戈作戰，不吃不休，勇猛無比。

黃帝根據大臣史皇提供的地形圖，率軍挺進九黎部落根據地冀州，與蚩尤會戰於郊野。又請天神助其破之，最後消滅了蚩尤。

蚩尤勇猛的形象讓人畏懼，黃帝就尊蚩尤為「兵主」，並把他的形象畫在軍旗上，用來鼓勵自己的軍隊勇敢作戰，諸侯見蚩尤像不戰而降。

裴秀的製圖六體原則

「製圖六體」是晉代製圖學家裴秀總結了前人製圖經驗而提出，繪製地圖的六條原則。他正確闡明了地圖比例尺、方位和距離的關係，是中國最早的地圖製圖學理論。

「製圖六體」對中國西晉以後的地圖製作技術產生了深遠的影響。唐代賈耽、宋代沈括、元代朱思本和明代的羅洪先等古代製圖學家的著名地圖，都繼承了「製圖六體」的原則。

裴秀出身於一個官宦之家。祖父裴茂，父裴潛，都官至尚書令。裴秀自幼好學，小有才名。年長居官，初襲父爵，做尚書令。

家裡有人做了大官，或者幾輩人做官，常被人稱作官宦人家。在這裡，官、宦是同義詞，指做官的人。另外，「官宦」一詞不同於宦官，宦官專指做官的太監，而官宦是指家族長期占據高位的。這兩個詞應注意區分。

尚書，秦代及漢代初期與尚冠、尚衣、尚食、尚浴、尚席，稱「六尚」。漢武帝時，選拔尚書、中書、侍中組成中朝或稱「內朝」，成為實際上的朝廷決策機關，因系近臣，地位漸高。和御史、史書令史等都是由太史選拔。隋以後尚書為六部長官。

晉武帝司馬炎代魏稱帝後，裴秀又先後擔任尚書令和司空，在他擔任司空後，除在朝廷中負責其他政務外，還負責管理國家的地圖和戶籍人口。

裴秀畫像

山河丈量——測量與繪圖

　　由於職務上的關係，裴秀得以接觸和使用到大量的地圖和地理書籍，使他對古代地理和地圖進行了仔細整理和精心研究，並領導地圖製作。

　　裴秀曾經從九州的範圍至具體的山脈、河流、湖泊、沼澤、平原、高原，都一一考察落實。同時，他又結合當時的實際情況，探明了歷代的地理沿革，連古代的諸侯結盟地與水陸交通也一一摸清。

　　對於自己暫時確定不了的，就特別註明，絕不敷衍了事。最後，按一比九百億的比例，製成了著名的《禹貢地域圖》十八篇，成為歷史上最早的地圖集。

　　此外，裴秀還編過《方丈圖》，把漢代的全國地圖按一比一百八十億的比例縮成一幅《方丈圖》。此圖記載名山都邑，可不下堂而知四方。裴秀的這些地圖，是當時最完備、最精詳的地圖。

　　由於長期測繪工作的實踐，裴秀留下了系統、科學、合理的製圖理論，這就是「製圖六體」。裴秀繪製的《禹貢地域圖》圖集後來失傳了，現在能見到的，只有他為這套地圖集所撰寫的序言。在這篇序言中，保存了他的「製圖六體」理論。

　　裴秀在序言中詳細論述了製作地圖的原則和方法。一為分率，即比例，用它折算圖與實際地物之間的數量關係；二為準望，即方位，用它確定地物的位置、方向；三為道裡，用它確定地物間的距離；四為高下；五為方邪；六為迂直。其中後三條說明各地間由於地勢起伏、傾斜緩急、山川走向而產生的問題。

　　地物，地球表面上相對固定的物體。可分為天然地物和人工地物。如居民地、工程建築物與構築物、道路、水系、獨立地物、境界、管線垣柵和土質與植被等。在測繪地圖中，將分布在地面上的固定

性物體，如居民點、道路、水利工程建築，一般用規定的符號表示在地圖上。

裴秀認為以上六條是相互關聯、相互制約的。要考慮由於地面起伏、方向偏斜和將曲線變為直線產生的誤差。即將斜距歸化為水平距的改正即「高下」；方向偏差的改正即「方邪」和曲線改正即「迂直」，最後才能得到少帶誤差的飛鳥直達距離。

裴秀認為，製圖六體是相互聯繫的，在地圖製作中極為重要。地圖如果只有圖形而沒有分率，就無法進行實地和圖上距離的比較和量測。

如果按比例尺繪圖，不考慮準望，那麼在這一處的地圖精度還可以，在其他地方就會有偏差。

有了方位而無里程，就不知圖上各居民地之間的遠近，就如山海阻隔不能相通。有了距離，而不測高下，不知山的坡度大小，則徑路之數必與遠近之實相違，地圖同樣精度不高，不能應用。

裴秀強調指出，在運用這些原則時應因地制宜，互相參照，綜合運用，正確地解決了地圖比例尺、方位、距離及其改化問題。這樣，雖有高山大海阻隔和難以達到的絕險之地，都可以得到正確的結果。

裴秀提出的這「製圖六體」，是當時世界上最科學、最完善的製圖理論。除經緯線和地圖投影外，現代地圖學上應考慮的主要因素，他幾乎全提了出來。這一理論直至明清時期都受到遵循。

地圖投影是利用數學方法把地球表面的經、緯線轉換到平面上的方法。由於地球是一個赤道略寬兩極略扁的不規則的梨形球體，因此，其表面是一個不可展平的曲面，運用任何數學方法進行這種

轉換都會產生誤差和變形。為按照不同的需求縮小誤差，就產生了各種投影方法。

明代末期，義大利有經緯線的地圖傳入中國後，中國的繪圖方法才開始改變。

裴秀這一時期的地圖，是中國地圖史的中堅，追尋他地圖製作的歷程，基本可以看出明代以前中國製圖的發展過程和地圖的主要源流。

地圖是人類表達地理景觀、描述地物空間位置的一種手段，它的實用價值有時是文字效果無法比擬的。因此，華夏初民在後來與自然鬥爭的過程中，逐漸發現及學會了把自己地理活動的範圍用符號或圖形表示出來，這便成了古典地圖。

裴秀在地圖學上的主要貢獻，在於他第一次明確建立了中國古代地圖的繪製理論，是中國古代唯一的系統製圖理論。直至今天地圖繪製考慮的主要問題除經緯線和投影外，裴秀幾乎都扼要地提到了。

賈耽（公元七三〇年至八〇五年），唐代著名政治家、地理學家。封魏國公，贈太傅，諡「元靖」。所繪製的《海內華夷圖》，是繼裴秀之後中國又一偉大的地圖作品。著作有《古今郡國縣道四夷述》、《皇華四達記》等。

裴秀不僅總結歸納了中國遠古以來地圖學的豐碩成果，而且還推出了自己的創造性見解，他第一次為中國的地圖繪製確立起一套較為嚴格的科學規範理論體系，為編制地圖奠定了科學的基礎，使中國的地圖繪製從此進入了一個全新的發展階段。

此後中國的製圖業逐步發展至今，取得了讓全世界都刮目相看的成就，這已是不爭的事實。

唐代地理學家、地圖製圖學家賈耽師承裴秀六體，繪製了世界上最著名的《海內華夷圖》。此圖幅面約十平方丈，比裴秀的《地形方丈圖》大十倍，可見唐代製圖事業之規模。

此外，宋代石刻的《華夷圖》、《禹跡圖》、《地理圖》；明代的《廣輿圖》；清代的《皇輿全圖》及《大清一統輿圖》等，無不聞名海內外。

裴秀的「製圖六體」是他在親自實踐的基礎上，批判繼承前人製圖經驗而創造性地總結出來的地圖繪製理論。

這一理論奠定了中國中古時期製圖的理論基礎，推動了地圖製圖學的發展，在中國地圖學的發展史上具有劃時代的意義，在世界製圖學史上亦佔有重要地位。英國李約瑟教授稱裴秀為「中國製圖學之父」。

閱讀連結

裴秀是西晉時期的一位大臣，從小就知道勤奮學習，從不放過任何一個機會。裴秀出生於一個官僚貴族家庭，所以家中常常有客人來訪。家中每次宴請客人時，母親總是有意讓他去端飯送菜，服侍客人。裴秀也特別珍惜這樣的機會。

在學習待人接物的過程中，裴秀總是言語虔誠，舉目有禮，藉機和客人交談幾句。客人們見他如此虛心懂禮，也都很喜歡他。由於裴秀從小就養成了優雅的談吐，所以他的名聲很快就傳開了。

賈耽與《海內華夷圖》

《海內華夷圖》是唐代地理學家賈耽按照晉代裴秀六體方法繪製的，比例是一寸折百里，用不同的顏色注記地名。這是一幅中國及鄰近地區的中外大地圖。

《海內華夷圖》古今對照，以雙色繪畫，是繼裴秀之後中國又一偉大的地圖作品，在中國和世界地圖製圖學史上具有重要意義。

賈耽從小就喜歡讀地理書籍，喜愛騎馬射獵。

公元七五一年，他參加科舉考試，以明經登第，走上了仕途。在處理日常政務中，表現出良好的政治素質。他一生為官四十七年，其中居相位十三年，事務繁忙，政績突出。

與此同時，他根據國家的需要，充分利用各種機會，結合政治、軍事研究地理，考察地理。

賈耽研究並繪製地圖的目的很明確，是要像東漢伏波將軍馬援那樣用米堆積立體地理模型供軍事行動之用，像西漢蕭何那樣收集秦代地圖幫助劉邦奪天下。他羨慕前哲，繪製地圖，要為唐王朝的政治、軍事服務。

賈耽年輕時正值安史之亂，政治不穩定，國力衰弱，沒有足夠的力量確保邊疆安全。劍南西山三州七關軍鎮監牧三百所喪失，河西隴右州郡悉陷吐蕃。

唐代開創了中國政區史上道和府的建制。唐代貞觀年間，將全國劃分為關內、河

賈耽頭像

南、河東、河北、山南、隴右、淮南、江南、劍南、嶺南十道。開元年間又將山南、江南各分東西，並增置京畿、都畿、黔中道，形成十五道的格局。道下又設州。

　　國家守於內地，舊時鎮戍情況不明，賈耽對此深為焦慮，決心繪製隴右淪陷區的地圖，以備政治軍事所需。

　　為獲得製圖數據，賈耽一方面進行廣泛的調查採訪，另一方面查閱中央和地方保存的舊有圖籍，對「九州之夷險，百蠻之土俗，區分指畫，備究源流」，從而掌握了許多第一手資料，積累起豐富的地理知識。

　　賈耽對裴秀的「製圖六體」非常推崇，加以學習和借鑑。公元七九八年，賈耽果真用裴秀的製圖六原則繪製出《關中隴右及山南九州》一軸。

　　此圖內的政區，則依九州分區。隴右地區資料很少，他費盡心機進行調查瞭解，力圖充實圖的內容。由於賈耽對收集到的地理資料做了慎重的取捨，所以，地圖所反映的歧路交通，軍鎮要沖，莫不如真，內容較為詳實。

　　圖中不僅表示了政區的劃分，還表示了交通道路以及道路的支線路、軍鎮、軍事要地、險隘、道路與距離的裡數、人口、山、水等地物。用文字注記詳加說明。

　　賈耽用文字注記彙編成冊，然後將圖和說明一併奏之朝廷，希望作為收復失地，用兵經略的參考。

　　唐德宗皇帝覽後稱讚，特賜馬一匹，銀兩百兩，銀盤銀瓶各一，以示獎勵。

賈耽在地圖學上的成就，主要體現在他的《海內華夷圖》上。繪此圖的目的是要力圖把唐代統一強大的面貌表現出來，因而圖幅很大，「廣三丈，縱三丈三尺」，比例尺是「以一寸折成百里」。

為了繪製此圖，賈耽花了三十多年時間閱讀文獻，調查採訪，認真選取資料。八〇一年繪圖完成，獻給朝廷。此圖今已佚，但據賈耽寫的獻圖表文及有關記載尚可得知此圖有三個特點：

一是圖的幅面大，載負量豐富。圖中內容當是詳實可信，除繪有國內及毗鄰邊疆地區的山川、政區形勢外，對域外許多國家和地區的名稱、方位、山川等內容，也有適量的記載。因此，稱它是小範圍的亞洲測量工具形勢圖，並不言過其實。

賈耽編圖的目的，就是為了要使人們瞭解被外族占領的土地的情況。圖幅的範圍達到當時人們地理視野的極限，外薄四海。

二是有統一的比例尺。圖中採用「以一寸折成百里」的比例，即相當於一比一百八十億的比例尺繪製而成。使圖形輪廓比較準確。

三是圖中的古今地名全部註明，開創了中國朱、墨分注古今地名的先例。此法一直為後世的歷史沿革地圖所沿用。

可以說，《海內華夷圖》的問世，使裴秀首創的「製圖六體」，在他之後五百年間瀕臨失傳的緊要時刻，被賈耽繼承下來。「製圖六體」從此起衰振微，對後世的地圖製作產生了深遠影響。

公元七九八年，賈耽完成了以黃河命名的著作《吐蕃黃河錄》十卷，這是《關中隴右及山南九州》等圖的文字說明，包括《關中隴右及山南九州別錄》六卷和《吐蕃黃河錄》或稱《河西戎之錄》四卷。

此書圖文並茂，記載吐蕃境內「諸山諸水」的「首尾源流」。

賈耽所著《古今郡國縣道四夷述》四十卷，形式上也和《關中隴右山南九州別錄》及《吐蕃黃河錄》一樣，是《海內華夷圖》的文字說明，但其圖、旁註各自能夠獨立成篇，視它為總地誌性質的地理著述也不為過。

《新唐書》主要作者宋祁、歐陽修。第一次寫出了《兵志》、《選舉志》，系統論述唐代府兵等軍事制度和科舉制度，這是中國正史體裁史書的一大開創，為以後《宋史》等所沿襲，保存了中國軍事制度和用人制度的許多寶貴史料。

賈耽常與域外來使及出使歸來者接觸，因而掌握了大量的域外地理資料。後來他將這些資料加工整理，編寫成書。《皇華四達記》即屬這類。

《皇華四達記》十卷。從《新唐書·地理志》的引文中，得知此書中有豐富的域外地理知識。

其中寫道：

唐入四夷之路與關戍走集最要者有通道七條：一是營州入安東道；二是登州海行入高麗渤海道；三是夏州塞外通大同雲中道；四是受降城入回鶻道；五是安西入西域道；六是安南通天竺道；七是廣州通海夷道。

透過這些交通路線，與周圍的亞洲各國保持著密切頻繁的往來，促進了中外經濟文化的交流。

在「廣州通海夷道」中，還詳細記述了從廣州經越南、馬來半島、蘇門答臘，跨越印度洋，至印度、斯里蘭卡、直至波斯灣沿岸各國

的航線、航程，以及沿途幾十個國家和地區的方位、名稱、島礁、山川、民俗等內容。

穿越馬六甲海峽這段航路時寫道：

又兩日行，到軍突弄山，又五日行，至海峽。蕃人謂之質，南北百里，北岸則羅越國。南岸則佛逝國。佛逝國東水行四五日，至詞陵國，南中洲之最大者。又西出，三日至葛葛僧祇國。

這是中國關於連接太平洋和印度洋這個海上交通咽喉的最早記錄。

航船進入波斯灣之後，有這樣一段記述：「又自提國西二十日行，經小國二十餘，至提羅盧和國，一日羅和異國。國人於海中立華表，夜則置炬其上，以使舶人夜行不迷。」

海中立的「華表」，「夜置炬其上」，就像今天在航路上設置的指引船舶夜航的燈塔。夜間有此燈導航，船舶不至於觸礁和迷失方向。

唐代，廣州港建有十數丈高的燈塔，時人稱「光燈」。燈塔的出現，是古代百姓與海洋的征戰中取得的成就。

賈耽成為繼裴秀之後中國地圖史上又一位劃時代的人物。他主持繪製的《海內華夷圖》以其獨特之長，展現唐代的製圖水準，達到了新的高峰，是中國地圖史上一枚絢麗的瑰寶。

閱讀連結

唐代的陸上「絲綢之路」最為繁榮。唐代出於對外政治威望與經濟交流的考慮，十分重視陸路絲道的經營。

據唐太宗貞觀年間宰相賈耽的地理考證，在漢代以來的南、北、中三道外，又闢兩條新路。

一路由龜茲經姑墨、溫宿、翻拔達嶺，經赤谷城，西行至怛邏斯；另一路出庭外，經青海軍、黑水守捉、弓月城，全碎葉和怛邏斯。兩路匯聚怛邏斯以後，再向西行，可達西海；向南則經過石國、康國，可到波斯和大食等地區。

沈括對地理學的貢獻

沈括是中國北宋中期的傑出科學家。他在自然科學和人文科學方面都有很深的造詣。

沈括對地理學的貢獻在科學界獨樹一幟，他在測量與繪圖、地質學研究等方面建樹頗多。

他還發現了地磁偏角的存在，記錄了氣候的變化，在世界上率先給「石油」命名。可以說沈括是個多才多藝的科學家。他的著作《夢溪筆談》被西方學者稱為「中國古代的百科全書」。

沈括雕像

北宋末年，與遼國之間戰爭不斷，簽訂「澶淵之盟」後雙方罷兵休戰。遼國垂涎中原地區的繁華，仗著驍勇的騎兵，不斷提出領土要求。

澶淵之盟為北宋與遼經過多次戰爭後所締結的一次盟約。宋遼之間百餘年間不再有大規模的戰事，禮尚往來，通使殷勤，雙方互

使共達三百八十次之多，遼朝邊地發生饑荒，宋朝也會派人在邊境賑濟。因澶州又名澶淵，故史稱「澶淵之盟」。

公元一○七五年，遼國派大臣蕭禧來到東京，要求重新劃定邊界，他提出的邊界是山西北部的黃嵬山，黃嵬山以北為遼國所有，以南為大宋朝所有。大宋如同意他的要求等於將遼國的領土向南推進了十五公里。

黃嵬山是一座默默無聞、名不見經傳的山脈，北宋大臣幾乎是一無所知，朝廷上上下下亂作一團。這時，朝廷想起了熟識地理的沈括，命他出任談判特使，要他既不能輕開戰事，也不能向敵示弱而接受無理要求。

沈括不卑不亢，胸有成竹，他所帶的武器就是他的地理學說和《天下郡守圖》。

他向蕭禧指出，兩國按「澶淵之盟」劃分邊界，邊界是白溝河，白溝河以北為遼國領土，以南為大宋領土，而黃嵬山在白溝河以南，是大宋的領土，而不是遼國的領土。

蕭禧沒有一張自己的地圖，更不知道黃嵬山的準確方位，在地圖面前，他感到理虧三分，氣焰不知不覺地矮了一截。爭論了幾天後，雙方無功而返，但沒有將爭論推向極端。

不久，沈括又受命出使遼國，在遼國首都上京再談兩國邊界。這時遼國的談判代表升了級，改成了遼國宰相楊益戒。

在談判時，沈括再次以「澶淵之盟」為基礎，以《天下郡守圖》為依據，有理有節，寸步不讓，而遼國宰相找不到重劃邊界的理由。這時，沈括又出示大宋的木製地形模型，這使得遼國宰相大為驚奇，深感大宋確有奇才能人。

沈括終於使得遼國放棄了對宋的領土要求，他不愧是一位出色的外交家與地圖學家，運用智慧捍衛了大宋的尊嚴，把祖國的領土奪了回來。

　　其實，沈括的成就是多方面的，他不僅是一個出色的政治家和外交家，也是一個多有建樹的科學家。

　　在科學研究領域，沈括除了天文、數學、醫學、科學研究方面的建樹所取得的成就外，在地理方面，他研究測繪，製作地圖，對沖積平原形成、水的侵蝕作用進行研究，發現地磁偏角的存在，還記錄氣候變化，首先提出石油的命名等。

　　沈括之所以在地理方面取得多項重大成就，是和他長期的學習和積累分不開的。

　　沈括自幼對天文、地理等有著濃厚的興趣，勤學好問，刻苦鑽研。少年時代他隨做泉州州官的父親在福建泉州居住多年。步入仕途以後，他在外交生涯中多次出使國外，觀察、研究和記錄沿途地形地貌，積累了豐富的地理學知識。

　　他所經歷的多方面見聞，後來均收入他的筆記體著作《夢溪筆談》中。就性質而言，《夢溪筆談》屬於筆記類。從內容上說，它以多於三分之一的篇幅記述並闡發了自然科學知識，這在筆記類著述中是非常少見的。

　　《夢溪筆談》被西方學者稱為「中國古代的百科全書」。

　　筆記為中國古代記錄史學的一種文體。意謂隨筆記錄之言，屬野史類史學體裁。有隨筆、筆談、雜識、日記、札記等異名。筆記形式隨便，又無確定格式，諸如見聞雜錄、考訂辨證之類，皆可歸入。正式把筆記用於書名的始於北宋的宋祁，著有《筆記》三卷。

地理探究：地學歷史與地理科技
山河丈量——測量與繪圖

在宋代，由於測繪技術的侷限，繪製地圖用的是「循路步之」法，也就是沿路步行丈量，用步行得出的數據繪製地圖，由於道路彎彎曲曲，山川高低錯落，用「循路步之」法繪製的地圖與實況有很大的誤差，圖上差之一厘，實地就差之公里。

沈括採用「飛鳥圖」 也就是「取鳥飛之數」，用的是飛鳥直達的距離，有點像現在的航空拍攝，使得地圖的精確度大為提高。

沈括在視察河北邊防的時候，曾經把所考察的山川、道路和地形，在木板上製成立體地理模型。這個做法很快便被推廣到邊疆各州。

公元一○七六年，沈括奉旨編繪天下州縣的地圖。他查閱了大量檔案文件和圖書，又經過了近二十年的堅持不懈的努力，終於完成了中國製圖史上的一部巨作《天下郡守圖》。

《天下郡守圖》是一套大型地圖集，共計二十幅。其中有大圖一幅，高四公尺，寬三點三公尺；小圖一幅；各路圖十八幅，是按當時行政區劃，全國分十八路而製作的。圖幅之大，內容之詳，都是以前少見的。

事實上，正是由於他的地理學說與《天下郡守圖》，使他在與遼國的邊界談判中發揮了重要作用，造成了十萬士兵都難以達到的威力。

在製圖方法上，沈括不僅能確定精確的方位、比例，而且能校正因地形起伏、道路曲折而產生的測量誤差。他首創了地形高程測量的方法。

沈括創「分層築堰」測量地形的方法，測量了汴河河道地形，測量了自河南開封上善門至泗州淮口的直線距離。這是世界最早的精密地形測量，在世界水利史上是一個創舉。

「分層築堰」是把汴渠分成許多段，分層築成台階形的堤堰，引水灌注入內，然後逐級測量各段水面，累計各段水面的差，總和就是開封和泗州間「地勢高下之實」。

僅僅四十五年時間裡，就取得引水淤田約十一萬公頃的顯著成績。在對地勢高度計算時，其單位竟細到了寸分，可見，沈括的治水態度是極其嚴肅認真的。

泗州是一個存在於北周到清代之間的歷史地名，轄地大概在今天泗縣，天長古泗州地圖，盱眙、明光、泗洪一帶。最後的州城在現在的泗縣城。北宋時期為淮南東路泗州，州治泗州城。天長從揚州劃入泗州曾為州治。

在實地測量的基礎上，沈括用膠泥、木屑與熔蠟混合，製造出幾種不同的地圖模型，然後再複製成木刻地理模型。這比歐洲最早的地理模型早了多年。地圖和地圖模型都有詳細的說明書，以備後世圖亡佚時，如果得到說明書，按每個方位布置地物點位及郡縣，立可成圖。

沈括提出分率、準望、互融、傍驗、高下、方斜、迂直等九法，這和西晉裴秀著名的「製圖六體」是大體一致的。他還把四面八方細分成二十四個方位，使圖的精度有了進一步提高，為中國古代地圖學做出了重要貢獻。

在地質學方面，沈括奉命到北方邊疆視察，路過太行山麓，看到螺蚌化石。

　　據此，他推斷這裡過去是海濱，現在距海已近千公里了。並進而推斷華北平原是由黃河、滹沱河、涿水、桑乾河等沖積形成的。根據化石來恢復古地理環境，是沈括在地學史上的偉大貢獻之一。

　　他還從黃河等河流的侵蝕和沉積以及歷史記載，來說明華北大平原是由這些河流自上流沖積帶來的泥沙沉積而成的。這是對華北平原成因最早的科學解釋。

　　他還論述了上聳千尺、峭拔險奇的雁蕩諸峰，其高岩峭壁的頂部，適在同一平面之上，由此推斷雁蕩諸峰是由流水侵蝕作用形成的。

　　流水將疏鬆破碎的岩石、土壤沖走，留下堅硬、固結的峭峰，因而其巔高度會在同一平面之上。此後他又以黃土高原為例，進一步闡明了流水的侵蝕、沉積原理。

　　在氣候學方面，沈括根據延州永寧關大河岸崩，入地數十尺，其下出土一石筍林，共有數百莖，都變為化石。因而推斷這裡氣候早年濕熱，竹生繁茂。根據化石來研究古氣候變遷，沈括也是世界上最早的。

　　他還記載了有關虹和大氣的折射現象，認為「虹乃雨中日影，日照雨則有之」，論證和解釋了這一天空大氣折射現象的科學原理。

　　他還記錄了登州，即山東蓬萊的「海市蜃樓」現象，指出這種現象不僅出現在海濱，也會出現在大陸。這是一種大氣的折光現象。

　　沈括又科學地描述了龍捲風發生時的全部過程和外表形態。其外形望之插天如羊角，具有強大的破壞力，所經之處，官府、房舍、居民住家一掃而空，通通捲入雲中去了。甚至會使縣城變為廢墟。

他對龍捲風的細緻描述，證明了龍捲風的分布並不僅僅是南美洲獨有的現象，當時的中國也曾發生過龍捲風。

沈括對物候學也有過傑出的研究，說明了溫度隨地勢的增高，會相應下降。植物開花也跟著會在時間、季節上延緩。同一種植物，因品種不同，發育期也不同。

物候主要指動植物的生長、發育、活動規律與非生物對變化對節候的反應。例如，植物的冬芽萌動、抽葉、開花、結果、落葉；動物的蟄眠、復甦、始鳴、繁育、換毛、遷徙等，均與節候有密切關係。非生物現象，例如始霜、始雪、結凍、解凍等，也稱「物候現象」。

同一品種的植物，其習性可以因人工栽培而改變。改善植物的水、肥、光、溫條件，也會促使植物早熟。他系統地提出了物候隨高度、生物品種、緯度高低、人類生產活動的變化而變化的理論，在世界上也是首創。

沈括在《夢溪筆談》中留下了歷史上對指南針的最早記載。他在書卷第二十四《雜誌一》記載：「方家以磁石磨針鋒，則能指南，然常偏東，不全南也。」這是世界上關於地磁偏角的最早記載。

沈括在《夢溪筆談》的《補筆談》第三卷中《藥議》中又記載：「以磁石磨針鋒，則銳處常指南，也有指北者，恐石性也不同。」

沈括在世界上最早經實驗證明了磁針能指南，然常微偏東，記錄了地理子午線和地磁子午線指示的方向並不完全一致。因而他是世界上最早經實驗證實並記錄了地磁子午線不正南，而微偏東。

地磁偏角為地球表面任一點的磁子午圈同地理子午圈的夾角。因指南針、磁羅盤是測定磁偏角最簡單的裝置，所以磁偏角的發現

和測定的歷史也很早。宋代科學家沈括在《夢溪筆談》中指出：「然常微偏東，不全南也。」這是世界上關於地磁偏角的最早發現和記載。

沈括不僅記載了指南針的製作方法，而且透過實驗研究，總結出了四種放置指南針的方法：把磁針橫貫燈芯、架在碗沿或指甲上，以及用絲線懸掛起來。最後沈括指出使用絲線懸掛磁針的方法最好。

沈括是世界上最早記錄了石油，並斷言石油必大行於世的科學預言家。

有一次，沈括在書中讀到「高奴縣有洧水，可燃」這句話，覺得很奇怪，水怎麼可能燃燒呢？他決定進行實地考察。

在考察中，他發現了一種褐色液體，當地人叫它「石漆」、「石脂」，用它燒火做飯，點燈和取暖。沈括弄清楚這種液體的性質和用途，給它取了一個新名字，叫「石油」。並動員老百姓推廣使用，從而減少砍伐樹木。

沈括在其著作《夢溪筆記》中記載「鄜、延境內有石油」，並且預言「此物後必大行於世」，是非常難得的。沈括發明的「石油」這個名詞便一直沿用至今天。

多才多藝的偉大科學家沈括在地理科學上的貢獻，也證明了他在許多方面攀登上了當時世界的高峰。

閱讀連結

沈括小的時候，有一次他讀到白居易的詩句「人間四月芳菲盡，山寺桃花始盛開」，心中卻疑惑起來：為什麼我們這裡花都落了，山上的桃花才開始盛開呢？

為瞭解開謎團，沈括約了幾個小夥伴上山去看看。四月的山上，乍暖還寒，涼風襲來，凍得人瑟瑟發抖。沈括茅塞頓開，原來山上的溫度比山下要低很多，因此花季才比山下來得晚哪！

　　憑藉著這種求索精神和實證方法，長大後的沈括寫出了《夢溪筆談》，其中記載了很多自然地理知識。

記載天下——記載與研究

　　古人常常以「上通天文，下知地理」來形容一個人學識淵博，但得跋山涉水或勤奮讀書才可以辦到。其實，中國古代的地理著述極為豐富，對地理事物的發生過程分析得也很深刻。

　　在中國古代文獻中，記載山河的典籍有很多，如《詩經》、《禹貢》、《山海經》、《管子》、《漢書·地理志》、《水經注》、《蠻書》和《徐霞客遊記》等。

　　它們記載了當時地理環境、動植物、礦產、神話傳說等，既是重要的史地文獻，也是瞭解古代地理知識的寶貴資料。

▌記錄地理概況的《詩經》

　　《詩經》產生在與現存迥然不同的地理生態環境之中，從而直接影響著先民的生活方式。它不僅記錄了那個時代人們的心靈與感情，也記錄了當時的地理訊息。

《詩經》記錄的地理訊息，包括地理環境面貌、豐富的物候經驗、天氣現象、聚落與城址選擇、大地形狀的概念和地殼變動的思想等，反映了那時的地理狀況及人們的認識水準。

《詩經》記錄了當時地理環境面貌，如《大雅·韓奕》中有：「奕奕梁山，維禹甸之。」「孔樂韓土，川澤。魴甫甫，麀鹿噳噳。有熊有羆，有貓有虎。」「獻其貔皮，赤豹黃羆」。

《詩經》中描繪的山川

這段話翻譯過來就是：巍巍梁山多高峻，大禹曾經治理它。身在韓地很快樂，川澤遍布水源足。鯿魚、鱸魚肥又大，母鹿、小鹿聚一處。有熊有羆在山林，還有山貓與猛虎。珍貴貔皮做貢獻，赤豹黃羆也送京。

詩中的梁山有人說它在陝西省的韓城，也有人說它就是今天北京的石景山。

韓地是中國古代諸侯國名。位於陝西省東部，黃河西岸。為姬姓之國。姬姓是中華上古八大姓之一，為黃帝之姓、周代的國姓，得姓始祖為華夏民族的人文共祖軒轅黃帝。黃帝本姓公孫，因長居姬水，改姓姬。韓地後為晉所滅，故大夫韓氏以為邑名。

詩中描述了當時的地理環境，有寬廣的河流、眾多的湖澤裡面有眾多的魴魚、魚，游來游去。麋鹿一群群，嘵嘵的叫聲響徹原野。熊和棕熊出沒森林。山貓、老虎在森林與草原的邊緣，時隱時現。這是一派森林與草原的風光，其間湖沼分布很廣，野生動物很多。

《大雅·桑柔》篇描繪鎬京附近的動植物，「瞻彼中林，甡甡其鹿」。意思是說，看那叢林蒼莽莽，鹿群嬉戲多歡暢。這裡當時確實是人少而群獸多。

《詩經》記載，在《孟子·滕文公》中也得到印證，其中說，周武王曾經「驅虎、豹、犀、象而遠之」，可見周初黃河流域，甚至京城郊區還有不少野生動物。

周武王（約公元前一○八七年至約公元前一○四二年），周文王次子。謚號「武」。西周時代青銅器銘文常稱其為「斌王」。史稱「周武王」。他繼承父親遺志，建立了西周王朝，表現出卓越的軍事和政治才能，成為了中國歷史上的一代明君。

當時黃河流域的廣大地區，正是農業大興，人類社會剛要大規模干預與影響原生地理環境之時。所以，《詩經》的記載對恢復中國黃河流域未經人類活動大規模干預之前的原生地理面貌是有意義的。

古代積累了豐富的物候經驗，也被記錄在《詩經》中。相傳《豳風·七月》這首詩是公元前一一○○年，周公輔佐周成王時因其年幼，不知道一年四季農業生產的艱難，就把農業物候知識，細細向他述說。

周成王 （前公元一○五五年至公元前一○二一年），西周第二代國王。周成王親政後，營造新都洛邑、大封諸侯，還命周公東征、

編寫禮樂，加強了西周王朝的政權。周成王與其子周康王治理期間，社會安定、百姓和睦、被譽為「成康之治」。

周公為周代的爵位，得爵者輔佐周王治理天下。歷史上的第一代周公姓姬名旦，也稱「叔旦」，為西周初期傑出的政治家、軍事家和思想家，被尊為「儒學奠基人」，孔子一生最崇敬的古代聖人之一。歷史上有很多周公之說，其中著名的是易經中提到的周公解夢。

《豳風·七月》這首詩是《詩經》中反映物候經驗的典型篇章，涉及一年四季的每一個月份。

正月開始修鋤犁；二月耕種，祭祖先；三月修剪桑樹枝；四月遠志結籽；五月聞聽蚱蜢彈腿叫聲；六月紡織娘振翅，食李和葡萄；七月伯勞聲聲叫，蟋蟀在田野，可吃瓜，煮葵又煮豆；八月割蘆葦，績麻，打紅棗，摘葫蘆；九月拾秋麻籽，修築打穀場，開始降霜，婦女縫寒衣，蟋蟀進門，隨後鑽進床下；十月樹上葉子落，下田收稻穀，清掃打穀場，莊稼收進倉；十一月上山獵貉；十二月獵人會合，繼續操練打獵功。

詩中的季節，既有週曆又有夏曆。詩中的內容反映了當時對蟲、魚、鳥、獸以及許多植物的萌發期、開花期、抽穗期、分蘖期等已有透徹瞭解，並以此來確定農業生產的活動，使之不誤農時，符合節令。

在《詩經》的天象記載中，科學貢獻最突出的是《小雅·漸漸之石》篇，內有詩句：「月離於畢，俾滂沱矣。」意思是說，月亮運行，剛離開畢星，就會大雨滂沱。

這一奇妙的天文、氣像現象，遠在三千多年前就被中國先民認識到了，並記錄在詩歌裡。月相歷來和降水關係密切。

　　月相的變化是由太陽、地球和月球三者位置的變化所引起的。每當月亮運行離開畢星的位置時，就會引起大風或颶風，從而帶來滂沱大雨。

　　這個天文、氣像現象還在《尚書·洪範》和《孫子兵法》等古代典籍中作了相似記載。

　　另外，《小雅十月之交》記載：「十月之交，朔月辛卯。日有食之，也孔之醜。彼月而微，此日而微；今此下民，也孔之哀。」

　　意思是說，九月底來十月初，十月初一辛卯日。天上日食忽發生，這真是件大醜事。月亮昏暗無顏色，太陽慘淡光芒失。如今天下眾黎民，非常哀痛難抑制。

　　詩中記載的日食發生在公元前七七六年九月六日。這是世界上最早的日食記錄。

　　從《詩經》的歌詠中，可以看出當時的人們對各種天氣現象已有明確的認識了。

　　《邶風·北風》：「北風其涼，雨雪其雱。」「北風其喈，雨雪其霏。」意思是說，颼颼北風周身涼，漫天雨雪紛紛揚；北風喈喈來勢猛，紛飛雨雪漫天飄。

　　周文王（公元前一一五二年至公元前一〇五六年），黃帝的後裔。商紂王統治時，他被封為西伯，也稱「伯昌」。他治理岐山五十年，使岐山的政治和經濟得到了極大發展。其子姬發得天下後，追尊他為「周文王」。孔子稱周文王為「三代之英」。

《小雅信南山》：「上天同雲，雨雪雰雰。」意思是說，滿天濃雲，雨雪將紛紛落下來。

《小雅·四月》：「四月維夏，六月徂暑。」「秋日淒淒，百卉具腓。」「冬日烈烈，飄風發發。」意思是說，四月為立夏之初，六月才盛暑。秋風淒涼，它一到來，花木就枯萎葉落。冬天寒屬，飄來的風冷入骨。

《小雅·四月》：「四月維夏，六月徂暑。」「秋日淒淒，百卉具腓。」

《鄘風·蝀》：「朝隮於西，崇朝其雨。」意思是說，西半天清晨掛著虹，從晨時到午時的大半天都要下雨。

《小雅·谷風》：「習習谷風，維山崔嵬，無草不死，無木不萎。」意思是說，從山谷上面吹來的焚風，又熱又乾，所到之處，無草不死，無木不萎。

這些詩句中，表達天氣現象的概念使用正確，還表達了一些天氣現象之間的因果與過程。

《詩經》中還有聚落與城址選擇，以及居住區規劃的記載《大雅·公劉》歌頌了周文王十二世祖先公劉的功績。他帶領周族遷居於豳地，便去察看地形，選擇聚落居址。

公劉是中國古代周部族的傑出首領、周先祖不窋的孫子、鞠的兒子、周文王的祖先。他帶領族人開墾荒地，興修水利，製造農具，整修田園，種植五穀，發展畜牧，傳播農耕文化，對中國農業區域的形成與發展做出了很大貢獻。

公劉爬上山頂，又下來站在平地上，選擇水源豐富、地形寬敞的地方，百泉在這裡湧出，小河在這裡經過，背靠山岡。於是，他就讓周人在這裡安安穩穩地住下來。

公劉帶領人們在山的南坡開墾與整平土地，引泉灌溉。在較高的台地上建造城池和房屋，在這高台地附近有一塊大平地，以資耕種。

由此詩反映出來，中國先民已能測定方向。《詩經》中說：「維南有箕，維北有斗。」南箕、北就是用恆星的位置來判別方向的。用此測定方向、測定一年四季。同時也反映出公劉時代已能選擇農業發展、城市建築的地理環境。

《詩經》中關於大地形狀的概念和地殼變動的思想，集中反映了古人對地理現象的思考和認識。

《小雅十月之交》裡記錄了公元前七八〇年所發生的大地震：「燁燁震電，不寧不令。百川沸騰，山塚崒崩。高岸為谷，深谷為陵。」意思是說，雷電轟鳴又閃亮，天不安來地不寧。江河條條如沸騰，山峰座座盡坍崩。高岸竟然成深谷，深谷卻又變高峰。

這一現象與春秋末期魯國史官左丘明在《國語·卷一·周語》中記錄的「幽王二年，西周三川皆震……是歲也，三川竭，岐山崩」，在時間和地震現象上都是吻合的。

左丘明（公元前五五六年至公元前四五一年）春秋末期曾任魯國史官，中國古代偉大的史學家、文學家、思想家、軍事家。著有中國重要的史書巨著《左氏春秋》，又稱《左傳》，還著有《國語》，兩書記錄了不少西周、春秋的重要史事。其歷史、文學、科技、軍

事價值不可估量，為歷代史學家和文人所推崇。被譽為「文宗史聖」、「經臣史祖」。

《小雅·正月》記載：「謂天蓋高，不敢不局，謂地蓋厚，不敢不蹐。」意思是，人說天空多麼高，我卻怕撞把腰彎。人說大地多麼厚，我卻怕陷把腳踮。反映了當時已有天高地厚的思想，是大地形狀觀念的反映。

在《詩經》裡，不同地貌類型已形成了概念化的名稱。如山、崗、丘、陵、原、隰、洲、渚等。對其上有植物覆蓋的叫「屺」；沒有草木的稱為「岵」。

根據地表形態的不同，又在類型名稱上冠以形容詞。如「頓丘」是單獨一個山丘；「阿丘」是偏高的山丘等。這表明那時人們對地表形態已形成粗略的分類概念了。

另外，對於湖泊和沼澤，也有了不同分類，如沼、澤、寒泉、肥泉、檻泉等概念。

《詩經》還有關於地形與植物相互關係的記載，比如記錄了植物群落當中一種植物出現必有另一種伴生。

《詩經》中創立了喬木、灌木的名稱。比如《周南·葛覃》中說「黃鳥於飛，集於灌木」；《周南·漢廣》中說「南有喬木，不可休思」；《小雅·伐木》中說「伐木丁丁，鳥鳴嚶嚶，出自幽谷，遷於喬木」等。此外還首記了植物的寄生現象。

《詩經》留下了大量的地名，大致可以分為山名、水名、城邑名和國名四類。以山名為例，《詩經》中的山名與國名、城邑名不同，它比較穩定。今天可以確考的有「南山」，就是現在的山東省曹縣東南曹南山；「終南」，就是現在的陝西省西南的終南山；「敖」，

即現在的河南省滎陽敖山；「岐」，在陝西省岐山縣；「旱」，在
陝西省南鄭等多個山名。對於研究中國對山地的開發，是有意義的。

　　總之，《詩經》作為中國文學史上最早的詩歌總集，其中所反
映的地理訊息是非常豐富的，是人們瞭解中國古代地理的重要史料。

閱讀連結

　　《詩經》所錄詩歌時間跨度長，從西周初年直至春秋中期，涵
蓋地域廣泛，黃河以北直至江漢流域的都有。

　　如果找來一張彩色的中國地形圖，就可以發現，《詩經》產生
的主要地區正是地圖上用綠色和淺綠色所標誌的區域，而綠色正是
與水緊密聯繫著的。

　　在古代這一區域，更是河流湖泊遍布，以黃河為主幹，構成了
網絡交織的地貌結構，也生活著各種各樣的野生動植物，成為華夏
先民活動的最主要的舞台。

▌具有地理觀念的《禹貢》

　　《禹貢》假託大禹治水以後的地理區劃，首次全國分成九州：
冀州、兗州、青州、徐州、揚州、荊州、豫州、梁州和雍州，記述
了九州之內的山嶺、河流、土壤、物產等，還描述了主要的山脈河
流的走向。

　　《禹貢》把全國劃分為九州，是原始地理區劃的先驅，對中國
幾千年來的地理觀念，產生了深遠的影響。

據傳說，夏部落曾發生特大洪水，部落聯盟舉鯀治水，結果失敗了。鯀的兒子禹繼父業。禹總結了父親治水失敗的教訓，改革治水方法，以疏導河川來治水，用水向低處流的自然趨勢，疏通了九河。

大禹治水畫像

鯀是黃帝的後裔、玄帝顓頊的玄孫。鯀、禹治水是中國最著名的治水故事，其所隱含的史實對我們有著極其重要的意義，很可能就是由於這場洪水，導致了中國歷史上第一個國家政權的建立。

禹親自率領老百姓風餐露宿，整天泡在泥水裡疏通河道，把平地的積水導入江河，再引入海洋。禹堅忍不拔，勇於開拓的精神，經過了十三年治理，終於取得了成功，消除中原洪水泛濫的災禍。

在治水的過程中，禹走遍天下，對各地的地形、習俗、物產，都瞭如指掌。當時洪水橫流，不辨區域，為了便於治理洪水，禹重新將天下規劃為九州，即冀州、兗州、青州、徐州、揚州、荊州、豫州、梁州和雍州。

禹還經常到南方巡視，在塗山約請諸侯相會。禹為紀念這次盛會，把各方諸侯部落酋長們送來的青銅鑄成九個鼎，在上面刻畫九州圖形，象徵天下九州歸於統一。

塗山為古代塗山國所在地，在今河南省嵩縣西南、伊河北岸。據說原來是一座山，大禹治水把山一劈為二，讓淮河水改道，變成由南往北流。也是大禹娶妻及第一次大會諸侯的地方。其山位於安徽省蚌埠市西郊，淮河東岸，與荊山隔河相峙。

　　《尚書》中有一篇《禹貢》，記述了大禹劃分九州的傳說。九州是中國最早的行政區劃，無論其可信程度如何，人們總是習慣把中國稱為「九州」。因為是大禹劃分九州，因此，古代人又常常把中國稱為「禹域」。

　　其實，《禹貢》的內容遠不止介紹大禹治水的過程。《禹貢》闡釋了各州的山川方位和走向、土壤性質、物產分布、貢賦的等級和物品等情況，以及進貢經行的路線。

　　《禹貢》不僅反映禹在治水過程中建立的偉大業績，更重要的是，其中所包含的地理訊息，已經使它成為中國古代文獻中一篇具有系統地理觀念的著作，在世界上也是極古老的區域地理先驅。

　　由於《禹貢》的內容以大禹治水為主，向來列於虞夏書中，以至古來認為是大禹的親筆。經近人研究確認，《禹貢》大約成書於春秋末期和戰國初期，基本上是依據孔子時期所瞭解的地理範圍和地理知識編寫而成的。

　　《禹貢》中所談到的中國當時的地理疆土，主要包括長江中下游、黃河中下游以及這兩條河流之間的平原和山東半島，西面達到渭水和漢水的上游，包括山西和陝西的中南部。

　　《禹貢》全篇只有一兩百字左右，由「九州」、「導山」、「導水」和「五服」四個部分組成。

「九州」部分主要依據自然條件中的河流、山脈和大海的自然分界，把所描述的地區分為冀、兗、青、徐、揚、荊、豫、梁、雍九州。

如把山西、陝西交界的黃河以東、河南黃河以北、河北黃河以西的地區劃為冀州；把山東濟水與河北黃河之間的地區劃為兗州；把湖北荊山與河南黃河之間的地區劃為豫州等。

這種區分具有明顯的地理學意義，帶有自然區劃思想的萌芽。但在當時九州的區界不很明確，只是提供了一個約略的範圍。

按照禹治水途經的路線，《禹貢》對各州的山川、湖澤、土壤、植被、特產、田賦和運輸路線等自然條件，都做了描述，較真實地反映了各個地區的地理特色。

如對冀州和兗州的描述。指出了冀州是一種鬆散的白色土壤，農田屬於上等，有些地方較差，田地屬於中等。

兗州經過禹的治理，黃河的九條支流都流進自己的河道，雷夏這個地方變成沼澤。此州以桑田養蠶，土壤是黑色的肥土，草木茂盛，樹木高大，田地屬於中等。貢品是漆和蠶絲，在貢品的籃子裡有各種花紋和顏色的織品。

又如兗州某些地方出產漆、絲，又出產精美的竹編手工業品。手工業、絲織業發達。工藝水準較高，能織有花紋的錦緞。

還如揚州出產三色銅、「瑤」（即美玉）、「琨」（即美玉）、「齒」（即象牙類）、「革」（即皮革）、「羽」（即鳥類的羽毛）、「毛」（即旄牛尾）等。

對其他各州的描寫也都比較真實，比如由兗州南下至徐州，此地已呈草木漸生的面貌。南方的揚州更是草木繁茂，正確反映了淮河下游和長江三角洲之間自然景觀的變化。

關於水系，《禹貢》說兗州沿濟河、漯河，可入黃河。徐州則從淮河下游的徐州，可由淮河航行到泗水，再入荷水。

由於漯河是黃河下游的一個支流，古時濟、漯相通，荷水又與濟水相通，因而當時兗州、徐州和冀州的水系是相互貫通的。

《禹貢》還講到其他各州與冀州透過水路或某段海路、陸路相互銜接的多條貢道，把以黃河為中心，主要利用水道通向帝都的水陸交通網絡清晰地描繪出來。當然有些貢道的描述既不準確，也不實際。如雍州有些水道就是無法通航的。

《禹貢》根據土壤的顏色和性狀，將九州的土壤分為白壤、黑墳、赤埴墳、塗泥、青黎、黃壤、白墳、墳壚等類別，這是有一定分類價值的。

《禹貢》中專論山岳和河流的「導山」與「導水」兩部分內容，是純粹地理的內容，它們開創了中國關於區域地形的分部門研究的範例。「導」字被認為是「治理」的意思，與禹治水的史蹟相聯繫。

「導山」按照從北向南的順序，採取列舉山名的方式，把中國的山系分為由西向東延伸的四列。

第一列相當於渭水以北和潼關以東的黃河北部的諸山，從陝西西部的岍山、岐山開始，向東過壺口、雷首、霍山、砥柱、王屋、太行、恆山至靠近渤海的碣石山，共十二座山。這一列在冀州境內最長，而且多轉折。

　　第二列大部分相當於秦嶺山脈，從青海的西傾山，經鳥鼠同穴之山、太華、熊耳、外方至桐柏，終於至「陪尾」山，共八座山。

　　第三列從漢水流域的陝西塚山至湖北的荊山、內方山，終於湖北、河南交界的大別山，共四座山。

　　第四列由長江流域的岷山、衡山到敷淺原共三座山組成。其中的敷淺原可能在現在的江西德安縣境內。

　　這四列山都是由西向東延伸，而且西部集中，東部分散，正確反映了中國西部多高山，東部多平原的地形特點。

　　「導水」部分被認為是《禹貢》地理的精華。它按照先北後南、先上游後下游、先主流後支流的順序，對九州向靠近黃河的帝都貢賦所經過的水道中的九條河流的水源、流向、流經地、支流和入海口等作了詳細地描述，開中國水文地理的先聲。

　　貢道指進貢所經的道路。傳說禹在治理洪水時，曾確定各諸侯向中央王朝進獻貢品的專用道路。據記載，周武王伐紂滅商後，曾以洛邑為帝都，並遷大禹時的九鼎於此。顯然，營洛邑遷九鼎，主要因這裡是天下之中，四方入貢遠近皆宜。

　　《禹貢》首先講到的是雍州的弱水和黑水。弱水是甘肅張掖西部的一條內陸河，它北經合黎山，流入巴丹吉林沙漠，這大致是正確的，也符合中國乾燥地區內流水道的特點。

　　接著講到黃河、長江和濟水。戰國時期中國古人已知黃河源在青海境內了，但對黃河的瞭解未能達到最上源。

　　文中說禹治理長江時曾到達岷山，這就包含有長江發源於岷山之意。在當時，人們對金沙江的狀況還不瞭解，所以未把它看作長

江的主源，而把遠在東邊、水量頗大的岷江看成為長江的正源，這是對長江之源認識過程中一個可以理解的歷史曲折。

關於濟水，《禹貢》認為在冀州境，入於河的濟水，又從地下潛流到濟瀆和龍潭地面湧出，再伏潛而出於陶丘北，這才是真正的濟水。《禹貢》對濟水與汶水以及淮水與泗、沂兩水的關係，做了正確敘述。

《禹貢》最後講到黃河的兩大支流渭水和洛水，對於它們的發源和它們入黃河所匯的支流，都做了準確的敘述。

「五服」部分反映了大一統思想。它不受諸侯割據形勢的侷限，把廣大地區看作一個整體，以帝都為中心，向外擴展。

所謂「五服」，就是以帝都為中心向外擴展，兩百五十公里之內的地帶為「甸服」，即王畿；再向外兩百五十公里之內為「侯服」，即諸侯領地；再次為「綏服」，即中國文化所及的邊境地區；「要服」，即結盟的外族地區；「荒服」，即尚未開化地區。

這表明了貢賦制和政治文化影響隨距離帝都的遠近而不同的事實。

由於《禹貢》所言的「五服」範圍遠超過當時實際瞭解的地域，對四周邊緣地帶只能做出粗略的交代，不過還是正確地指出了中國東臨大海、西北為沙丘移動的沙漠的事實。

「五服」劃分所反映的原始的大一統理想，對中國多民族國家的形成與發展，對封建中央集權制的形成有積極作用。

　　總之，《禹貢》不僅是中國最古老、最系統的地理文獻，而且它關於九州區劃、山岳關聯、水道體系、交通網絡以及土壤、物產、景色的描述，都體現出明確的地理觀念。

閱讀連結

　　禹在治水期間，拿著量測工具，從西向東，一路測度地形的高低，還樹立標竿，規劃水道。他帶領治水的民工，走遍全國各地，根據標竿，逢山開山，遇窪築堤，以疏通水道，引洪水入海。

　　禹為了治水，費盡腦筋，不怕勞苦，從來不敢休息。他與塗山氏女嬌新婚不久，就離開妻子，踏上治水的道路。後來，他三次路過家門口，都沒有停下來。

　　因治洪水有功，人們為表達對禹的感激之情，尊稱他為「大禹」，即「偉大的禹」。

　　它在中國地理學歷史發展過程中的重要地位，對中國後世地理學的發展，產生了深遠影響。

▍尋源的奇書《山海經》

　　在中國古代的典籍中，《山海經》是一部具有獨特風格的作品。《山海經》的意義在於從生產中總結出來的經驗，從生產中獲得的地理知識，也要應用於社會、國家的經濟建設。

　　《山海經》中包含著中國古代地理、歷史、神話、動植物等多方面的內容。它是研究中國古代自然地理和人文地理的重要史料，被稱為「探祖尋源的奇書」。

據史籍記載，黃帝時期，在北方大荒中，有一座大山，拔地而起，高與天齊。山上居住著夸父族，他們個個身材高大，力氣超強。

夸父雕刻

大荒指偏遠荒涼的地方。以「大荒」命名的地區或者國家通常都是指其偏遠荒涼。有時也指大災。傳說大荒當中有座山成都載天山，居住著大神后土的子孫，稱夸父族。后土生了信，信生了夸父。

不久，大地發生了嚴重的旱災，太陽像個大火球，烤得大地龜裂，江湖乾涸，一片荒涼。夸父族全體出動找水抗旱，但江湖乾涸，無水可找。於是，勇敢的夸父首領發誓要把太陽摘下來。

太陽見夸父真發火，也有點心慌，加快速度向西落去。夸父首領拔腿就追。太陽一面加快滑行，一面向夸父射出熱力，想阻止他前進。但是，執著的夸父儘管汗如雨注，卻不肯停步。

夸父瞬息間已追了萬里，追至太陽落下的地方禺谷。太陽眼看無處可逃，就將所有的熱量一齊向夸父射去。

夸父一陣頭暈目眩，眼前金星亂迸，口乾舌焦，雙手不覺軟垂。

「不能倒下去！」夸父一面鼓勵自己，一面俯身去飲黃河的水，想喝點水後再捉太陽。哪知他喝乾了黃河，連支流渭水也喝乾，還是感到口渴難忍。

倔強的夸父決心去喝大澤的水，再去和太陽較量。大澤又叫「瀚海」，是鳥雀們滋生幼兒和更換羽毛的地方。夸父剛走到大澤邊，還沒俯下身來，一陣頭暈，「轟」的一聲，像座大山似的傾倒了。

夸父遺憾地看著西沉的太陽，長嘆一聲，把手杖奮力向太陽拋去，閉上了眼睛。隨即，他的身軀立即化作夸父山。

第二天早晨，太陽神氣活現地從東方再次升起，一看到夸父，也不由暗暗欽佩夸父的勇氣。說也奇怪，經太陽光一照，夸父的手杖竟化成一片桃林，滿樹掛著碩大的果實。

夸父死了，他並沒捉住太陽。可是天帝被他的犧牲、勇敢的英雄精神所感動，懲罰了太陽。從此，他的部族年年風調雨順，萬物興盛。夸父的後代子孫居住在夸父山下，生活非常幸福。

記載這個故事的史籍就是《山海經》，名為「夸父逐日」。這是一篇很有教育意義的神話故事，表現了遠古人們意志堅決，不畏艱難的勇氣。同時，這個故事也包含了遠古時期人們對大地的認識。

在現代人看來，大地是球形的，時刻都在圍繞著太陽運轉，太陽根本不會落入地球，更何況向西遷移，不是被高山擋住，而是到了地球的另一邊。

但對遠古時期夸父族這樣的一個內陸部族來說，大地是球形的，地球繞太陽運轉以及中國西北部的地理狀況，他們一無所知。

他們最多可能從靠近黃海、渤海的部族那裡知道：東面，就是大海，太陽從海中升起。至於西面走到盡頭，則是太陽落下的禺谷這個地方。

其實，《山海經》中的很多記載，與其說它是一部神話故事集，不如說它記錄著可以考實的地理知識。

　　《山海經》相傳為唐虞時期大禹、伯益所作，包括《山經》五卷，《海經》八卷，《大荒經》五卷。此書從形式到內容都以敘述各地山川物產為主，儘管雜有神話但比例不大，無疑是一部早期地理書。

　　《山海經》記載的山川比早些時候的《禹貢》更為豐富。它以神話的形式描述了中國有記載歷史上最早的山川形勝的系統分類。比如其中的《五藏山經》以山為綱，分東、西、南、北、中五個山系，分敘時包含有很多地理知識。

　　《東山經》包括今山東省及蘇皖北境。總共有四十六座山，連綿九千四百三十公里。

　　《南山經》東起浙江 省舟山群島，西抵湖南西部，南抵廣東省南海，包括今浙、贛、閩、粵、湘五省。大大小小總共四十座，八千兩百九十公里。

　　《西山經》東起山、陝間黃河，南起陝、甘秦嶺山脈，北抵寧夏鹽池西北，西北達新疆阿爾金山。總共七十七座山，八千七百五十六公里。

　　《北山經》中記述的群山，位於今寧夏、新疆、山西、河南、河北、內蒙古等省區及蒙古國境內，其中近四分之一的山的具體位置可以確定。綿延一萬一千六百六十五公里。

　　《中山經》主要描寫晉南、陝中、豫西、河、渭、伊、洛地區的地理環境。總計天下名山共有兩千六百八十五座，分布在大地之東西南北中各方，一共三萬兩千零四十三公里。

　　每一山經的敘述大致都有一定的規律，山名、里程、植物、動物、水系、水生動物、礦產等項是基本的。大量的古代山名、河名對今天歷史地理的研究有重要價值。

　　《五藏山經》全文以方向與道裡互為經緯，有條不紊。在敘述每列山岳時還記述山的位置、高度、走向、陡峭程度、形狀、谷穴及其面積大小，並注意兩山之間的相互關聯，有的還涉及植被覆蓋密度、雨雪情況等，顯然已具備了山脈的初步概念。

　　《山海經》中的《海內經》和《海外經》，記載了沿海及四海的範圍。《海內經》主要記海中和沿海邊遠地區；《海外經》記四海之外的國家和地域。《海內經》和《海外經》的記載，反映了古人對世界的概念。在古人心目中，它們共同構成大陸，大陸的四周被海水包圍著，四海之外又有陸地和國家，是荒遠之地，就構成了世界。

　　《山海經》還記載和描述了一些自然地理現象。例如關於華山的險峻，《山海經》記錄為：「太華之山，削成四方，其高五千仞，其廣十里，鳥獸莫居。」如此果斷地抓著華山最重要的特徵，形象地反映出華山的地理面貌，堪稱中國最早的山岳地理書。

　　《山海經》在敘述河流時，必言其發源與流向，還注意到河流的支流或流進支流的水系，包括某些水流的伏流和潛流的情況以及鹽池、湖泊、井泉的記載。

　　比如關於河流季節變化，對教水的記述：

　　教山教水出焉。西流注於河，是永冬干而夏流，實唯干河。

　　教水是一條注入黃河、冬干夏流的季節河。這些記載都是對自然界科學觀察的結果，有一定的地理意義。

《山海經》記載眾多的原始地理知識，比如南方的岩溶洞穴，北方河水季節性變化，不同氣候帶的地理景觀與動植物分布的特點。

《山海經》中已有四極的觀念。四極又稱為「四隅」、「四陬」，在古人心目中，世界是有極限的，可以測量的。這證明它保有較原始的地理認識。

《山海經》記載了多種植物的名稱，並進行了一些植物形態的描述，其中有一部分可以和今天的植物對照出來。如：木本植物中的松、柏、桑、漆、榕、竹、樗、楨等；草本植物中的菅、杜衡、門冬、少辛等；果樹中的桃、梨、李、杏、梅等。

另外，《山海經》還對植物中的根、莖、枝、葉、花、果等形態給予了描述。這反映了當時植物學的知識已相當豐富。有一些植物還記錄了藥用功效。如萆荔食之可以醫心痛；棕楠食之醫疥；凋棠食之醫聾等。

這樣的藥用植物記載，在植物地理及中藥史上有一定意義。

《山海經》中還出現了動物名稱，分別記錄了不同種動物。這部分內容，歷來就有不同的看法，因為這些名稱，今天看來是稀奇古怪的，動物的形態描述也難於令人置信。而且往往見到這些動物時，記錄說會天下有大災等。

但是，若剔除那些荒誕的部分，就是我們熟悉的動物。它們不外乎是猿猴類、偶蹄類、狐犬類、虎豹類、鼠類、飛禽類等動物。出現較多的有麋、虎、豹、牛、鹿、羚羊、犀、兕、象、馬等。

偶蹄類 距今五千萬年前的始新世早期，一種稱為古偶蹄獸的小動物從踝節類中分化出來，牠的距骨除了有類似於奇蹄類那樣的近

端偶蹄分類滑車之外，遠端也呈滑車狀而不再是平面。正是這種雙滑車的距骨奠定了一種進步的偶蹄類的基礎。

現在犀在中國已絕跡了。大象當時分布在中山、南山和西山區域，說明當時氣候較今天暖濕。被現代人稱為「沙漠之舟」的駱駝在《北山經》裡出現過兩次。

《東山經》提到犰狳，是否與南美洲的犰狳相似，這些問題都值得研究。

此外記載的動物還包括魚類、蛇類、腹足類、兩棲類等。這些動物及其分布區的記載，實際上也是珍貴的科學資料。

《山海經》中有大量的礦物記載。玉出現多次。非金屬有堊、雄黃、文石、赭石等十多種。金屬有金、鐵、銀、赤金、赤銅、錫、赤錫等數十種。

在物質資源分布的篇幅中，對於礦產的記載尤其詳細，提及礦物產地三百餘處，有用礦物達七八十種，並把它們分成金、玉、石、土四類。這些都是珍貴的礦產地理資料。

《山海經》還注意到礦物的共生現象，並據其硬度、顏色、光澤、透明度、構造、敲擊聲、醫藥性等識別礦物的方法，及詳細記述動植物形態、性能和醫療功效。因此，《山海經》在礦物學分類上有突出貢獻。

撰寫《中國科學技術史》的英國科學家李約瑟說：「《山海經》是一個名副其實的寶庫，我們可以從中得到許多古人是怎樣認識礦物和藥物之類物質的知識。」

總之，《山海經》記錄了許多地理知識，包括山川、動植物、礦物種類及其分布等知識，在地理學發展史上有著不可忽視的價值。

閱讀連結

《山海經》不僅記載的是神話故事，還涉及很多天文地理知識。女媧補天就是其一。

傳說水神共工和火神祝融發動戰爭，結果共工戰敗，一怒之下，把頭撞向不周山，造成天塌地陷。人類面臨著大災難。

女媧目睹人類遭到奇禍，決心煉五色石以補蒼天，斬鰲足以立四極。蒼天補上了，大地填平了，人民又重新過著安樂的生活。從此天還是有些向西北傾斜，因此太陽、月亮和眾星辰都很自然地歸向西方，又因為地向東南傾斜，所以一切江河都往那裡匯流。

地理訊息豐富的《管子》

《管子》一書是中國先奉諸子百家中著名的典籍之一。此書託名春秋前期的大政治家管仲所作，保存下了那個時期政治、經濟、軍事、哲學、醫藥、地理以及一些自然科學等多方面的內容。

在地理方面，《管子》有《地圖》篇、《地員》篇、《度地》篇等有關地圖、土壤地理、植物地理、水文地理、採礦，以及根據四季氣候安排農事等地理知識。因此，《管子》是一部古代重要的地理著作。

《管子》中地理學思想非常豐富。在《管子·地圖》篇中，一開頭就指出地圖在軍事上的重要作用以及當時地圖中的一些內容。

管仲塑像

《地圖》篇認為，凡軍中主帥，必首先詳知地圖。盤旋的險路，覆車的大水，名山、大谷、大川、高原、丘陵所在的地方，枯草、林木、蒲葦茂密的地方，道路的遠近，城郭的大小，名城、廢邑、貧瘠之地及可耕之田等，都必須完全瞭解。

地形的縱橫交錯，也必須心中完全有數。然後，就可以行軍襲邑，舉措先後得宜而不失地利，這都是地圖的意義。

這裡所敘地圖的內容已很豐富，可以表示多種地物，地圖的比例、製圖的符號，都應該有規範的方法。由此可見，當時的地圖製作，如果不進行一定的勘測，恐怕難以完成這樣複雜的地圖。

《管子》的地形知識也很豐富。地形是構成地理環境的基本要素之一。在中國古代地理知識中，地形知識是一個很重要的方面。

《管子·地員》按照發展農業生產的需要對地形進行了分類，把丘陵分為十五種，根據地勢逐一加高給以不同的名稱，並對其地形特徵進行解釋。這樣詳細的分類在古代文獻上是少見的。

除丘陵外，《地員》篇把山地農業地貌又分為五種：從山之上至山之側，具體敘述了五種山地的地形：懸泉、復呂、泉英、山之材、山之側，這種分類對當時山體認識更加具體。

從地形學上進一步分類並找出其地勢特徵，《管子》書算是最為詳細的。對山體進行五個層次的分析，這是很有科學意義的。

漢代以後，中國地形類型分類日趨完善，是受《管子》地形思想的影響。所以，《管子》的地形類型的思想，在中國古代地理學上佔有重要地位。

土壤和人類生活有著極其密切的關係，當土地成為人類的生產資料以後，中國先民就由此開始了對土壤的認識和利用。在先秦文獻中，以《管子》對中國古代土壤的顏色、土壤的性質與結構談得最多也比較全面。

《管子·地員》篇對各種土質結構有生動的描述，講了六種上等土壤的質地結構，認為有的輕疏、剛強，有的粉解若糠，有的是大塊壘，有的稍干即裂，有的堅硬如石等。

由此可見，《管子》所講土壤質地結構不是孤立地講，而是與土壤肥力緊密結合在一起進行考察，從而闡明土壤與農業生產的重要關係。

土壤能供應與協調植物正常生長發育所需的養分和水、氣、熱的能力。是土壤各種基本性質的綜合表現，是土壤區別於成土母質和其他自然體的本質特徵，也是土壤作為自然資源和農業生產資料的物質基礎。土壤肥力按成因可分為自然肥力和人為肥力。

《管子》書中還談到土壤水分、土壤中的動物及鹽鹼對植物生長的關係。

　　土壤水分是土壤的重要組成部分，是植物生長必不可少的條件。土壤水分的多寡是古人評價土壤好壞的一個重要標準。《管子·地員》篇認為，土壤性能好，則干而不裂，土中隱含水分，也不會積水過多，無論是高地或低地，土壤排水、保水性能均屬良好。

　　土壤中的動物在土壤中所起的作用與農作物生長也有十分重要的關係。古人把土壤中是否有某些動物也作為衡量土壤好壞的一個重要標誌。

　　《管子·地員》篇指出，沒有腳的豸蟲所穴居的土壤是肥沃的，含有機質多。沒有足的蟲，自然是指蚯蚓。根據現代學者研究得知，一條蚯蚓每二至四小時排泄一次。

　　由此可見古人對蚯蚓在土壤中作用的認識是正確的，合乎現代自然科學原理。

　　《管子》還把含鹽多的土壤稱為「桀土」，不經過土壤改良是很 難耕種的，故《管子》書中把它列為最差的土壤。

　　《管子》對礦產分布也有粗略認識。在《管子·地數》篇裡說：土地的東西廣度一萬九千公里，南北長一萬三千公里。其中山脈四千公里，河流四千公里，出銅的礦山四百六十七處，出鐵的礦山三千六百九十處。

　　出鐵的山比出銅的山多得多，這是符合實際的。反映了春秋戰國之際，對銅、鐵礦產的廣泛開採，在此基礎上積累的地理知識。

　　《地數》篇還對春秋戰國時期探礦經驗進行總結，認為利用一些礦物共生的特性，先找到指示性礦物的一些明顯特徵，而後進一步確立貴重金屬礦埋藏地。

《管子·度地》篇在農業生產和水利事業發展的基礎上，對河流提出了早期的分類：

　　水有大小，又有遠近。從山裡發源，流入大海的，叫做「經水」；從其他河流中分出來，流入大河或大海的，叫做「枝水」；在山間溝谷，時有時無的，叫做「谷水」；從地下發源，流入大河或大海的，叫做「川水」；由地下湧出而不外流的，叫做「淵水」。

　　這五種水，都可以順著它的流勢來引導，也可以對它攔截控制。

　　這裡把天下的河流依其源泉所出的不同，及流入海、河、江等不同，劃分為經、枝、谷、川、淵五種類型。提出對水因其勢而利往之的治理原則，以及不能久扼，久扼則有危險的思想。

　　這些都是符合科學道理的，反映了當時河流地理的知識水準。

　　《管子·度地》篇最早提出國都城址選擇的地理條件：建設都城，一定選在平穩可靠的地方，又是肥饒的土地，靠著山，左右有河流或湖澤，城內修砌完備的溝渠排水，隨地流入大河。這樣就可以利用自然資源和農業產品，既供養國人，又繁育六畜。

　　六畜，或稱「六牲」，是六種家畜的合稱，即：馬、牛、羊、豬、狗、雞。中國先民早在遠古時期，先後選擇了馬、牛、羊、雞、狗和豬進行飼養馴化，經過漫長的歲月，逐漸成為家畜。六畜各有所長，在悠遠的農業社會裡，為人們的生活提供了基本保障。

　　同時，都城建設應當是內修「城」，外修「郭」，郭外築護城壕；地勢高則挖溝，地勢低則築堤。這才配稱作牢不可破的城池。

　　城牆上種植荊棘，使之交錯糾結，用來加固城牆。每年都不斷地增修，每季也不斷增修，使之造福於子孫後代，這關係著人民生命萬世無窮的利益，也是對人君的保障。

　　國都城址的選擇，要在較為平坦而肥沃的土地之上。背有大山，左右有河流、泉水或湖泊，還要注意城內可暢通地挖修排水溝，使城內的水順著地勢排入大河。

　　這樣的城址就可以充分利用自然資源的農產品來保障城市人口的衣食所需和繁養六畜、發展經濟，以吸引更多的人口集中。

　　有了這些地利和險要，還要內築城、外立郭、郭外挖護城壕，低的地方築堤防，高的地方挖溝渠。這樣系統的城址選擇理論，是實際工作的總結，很符合科學道理。

　　《管子·度地篇》對河流彎曲的現象進行了觀察、研究記錄：

　　河流彎曲的地方，產生回流，回流和正流匯合，產生旋流，旋流湍激，在河床坡度小的地方，回流轉彎平緩。河床高差大則旋流有限，側蝕破壞力量強，於旋流之後，有的地方流速緩慢，泥沙淤積，造成河道堵塞。日子長了河流就會沖決河道，泛濫成災。

　　上述細緻地描述了產生河曲的原因及旋流產生的過程。也記述了河床坡度不同，對流速、旋流侵蝕能力的影響。

　　一些地方強烈侵蝕，另一些地方則會沉積。日子長了就產生河曲，甚至引起河床改道。這就記錄了河流變遷的過程與規律。

　　《管子·度地》篇中有關於物候、農日和水利的記載：

在春季三個月份裡，天氣乾燥，是水少流細的時節。此時山河乾涸水少，天氣漸暖，寒氣漸消，萬物開始活動。這時有利於做土工工事，因為堤土會日益堅實。

在秋季三個月份裡，山川百泉湧水，大雨降，山洪發，入海路遠水難疏泄，秋雨連綿，天地呈凝合狀態。此時應抓緊秋收，使之顆粒歸倉。

在冬季三個月份裡，天地收閉，萬物實熟。此時應補修屋舍，修繕邊防城寨，修理城牆道路，調整度量衡，處理獄中罪犯，蓄積草料糧食，以及君主舉行娛樂活動和祭神。

由於一年之事全告完成，還應當表彰有功，賞賢懲罪，升遷官吏而提高他們的等級。此時不利做土工工事，浪費七成的工費，而土凍難成。此時晝越短而夜越長，天寒利在室內勞動，甚至在外堂都不適宜。

一年四季之中的氣候特點，從農事和工程的角度進行評價，準確而科學。

總之，《管子》在地理學中所取得的成就是多方面的。由於《管子》中探討了地理學的各個方面，土壤地理學、植物地理學、陸地水文地理學、地形學、採礦學、氣候學等具有較全面的地理學思想。因此在中國先秦地理學思想史上佔有特殊地位。

閱讀連結

管仲是春秋時期齊國著名的政治家和軍事家。他早年曾助齊國公子糾和小白爭奪君位，結果小白得勝，即位為齊公。齊桓公不計前嫌，經鮑叔牙保舉，任其為卿。

管仲在輔佐齊桓公時，對內政外交政策進行全面的改革，制定一系列富國強兵的方針策略。對內分設各級官吏，選拔子，賞勤罰惰，徵賦稅，統一鑄造、管理錢幣，制定捕魚、鹽之法；對外採取「尊王攘夷」的外交策略，使齊桓公成為秋時代的第一個霸主。齊桓公尊管仲為「仲父」。

地理傑作《漢書·地理志》

《漢書·地理志》是中國東漢時期的史學家、文學家班固撰寫的地理傑作，簡稱《漢志》。它記錄了有關郡國的礦產，以及管理礦產的鐵官、銅官、金官、鹽官所在的地方，對主要河流、湖海也有較詳細的記載。

《漢書·地理志》是一篇具有重大價值的古代地理著作。此書是中國封建社會第一部全國性地理著作，也是中國第一部以「地理」命名的著作。不僅首創「地理志」之先河，對於研究西漢的礦產資源的開發情況，同樣具有重要意義。

班固畫像

漢代，中國渤海海域曾經發生鯨群游弋和集體自殺事件。據記載，公元前一六年春，「北海出大魚，長六丈，高一丈，四條，皆死」。又記載，公元前四年，「東萊平度出大魚，長九丈，高一點一丈，七條，皆死」。

這兩條記錄，均來自於班固所著的《漢書五行志》。文中的北海、東萊平度，都是指今天的渤海灣。漢代的一丈合二十三公尺。長六丈，即達一三點八公尺，八丈，即十八點四公尺。這種長達十四公尺至十八公尺，高達二公尺以上的大魚，當然只能是鯨。

四條、七條皆死，這是確切的鯨集體自殺記錄，是研究科學史特別是歷史自然學的寶貴資料。

其實，班固所著的《漢書地理志》才是他在地理方面的真正首創。此書不僅是中國第一部以「地理」命名的著作，也是歷代記述疆域政區的始祖，其中的內容要比《漢書·五行志》豐富得多。

班固自幼聰慧，九歲能誦讀詩賦，十三歲時得到當時學者王充的賞識。公元四七年前後入洛陽太學，博覽群書，研究九流百家之言。公元五八年，班固向當時輔政的東平王上書，受到東平王的重視。

班固（公元三二年至九二年），東漢時期官吏、史學家、文學家。史學家班彪之子，字孟堅，扶風安陵人，位於現在的陝西咸陽東北。除蘭台令史，遷為郎，典校祕書，潛心二十餘年，修成《漢書》，當世重之，遷玄武司馬，撰《白虎通德論》。善辭賦，有《兩都賦》等。

公元六二年，有人向朝廷上書告發班固「私改作國史」。皇帝下詔收捕，班固被抓，書籍被抄。幸得其弟班超上書申述班固著述之意，才免過一劫。

漢明帝瞭解情況後，很欣賞班固的才學，召他到校書部，任命他為蘭台令史，掌管和校定圖書。蘭台是漢王朝收藏圖書之處。

漢明帝（二八年至公元七五年），提倡儒學，注重刑名文法，為政苛察，總攬權柄，權不借下。他也致力消除北匈奴的威脅。此外，

隨著對外交往的正常發展，佛教已在西漢末年開始傳入中國。漢明帝之世，吏治比較清明，境內安定，呈現出繁榮的景象。

班固從私撰《漢書》到受詔修史，是一個重大轉折，對於《漢書》的完成是一個有力的推動。從此，班固不僅有了比較穩定的生活，有皇家圖書可資利用，而且有了皇帝旨意，使他著史的合法性得到確認。

《漢書·地理志》開篇講述了從黃帝時期至漢代初期這一段時間的疆域變遷工程——都江堰圖概況，轉錄《禹貢》、《周禮·職方》的全文。這是對前代沿革的簡單交代。開篇結尾還轉錄了西漢經學家劉向的《域分》及東漢史學家朱贛的《風俗》。

《域分》講分野，即某地對應天上的某個星座，如「秦地，於天官東井，輿鬼之分野也」。這種分野的意義，是古代「天地人合一」宇宙觀的反映。

分野，與星次相對應的地域。古人依據星紀、玄枵、降婁、大梁、實沈、鶉首、鶉火、鶉尾、壽星、大火、析木等十二星次的位置劃分地面上州、國的位置與之相對應。就天文說，稱作「分星」；就地面說，稱作「分野」。又稱「分界」、「界限」等的代稱，或喻指政治、思想、文化等方面的分歧。

《風俗》偏重於經濟、物產、風俗習慣、歷史沿革的敘述，分論各地區的地方特點，還涉及部分外國地理及海上航線。書中關於海南島的風俗、物產、兵器等情況，是現存最早的文獻資料。

《漢書·地理志》的主體是敘述漢代地理。這部分以記述疆域政區的建置為主，為地理學著作開創了一種新的體制，即疆域地理志。

由於政區經常改變，郡國縣邑的設置常更迭，因此，講漢代的疆域政區，必須以一定時期為限。

《漢書·地理志》根據公元二年的建制，以疆域政區為綱，依次敘述了一百零三個郡國及所轄的一千五百八十七個縣、道、邑、侯國的建置沿革。

在郡國項下，都記有戶口數字，把這些數字加起來，就能得出公元前十年的全國人口數為五百九十五點九萬人。這個數字雖不能說十分準確，但它卻是當時全國各郡縣戶口數彙總而成的，具有一定的參考價值。同時，這也是最早的提供全國人口數字的一部史書。

在縣、道、邑、侯國的這一項下，則根據地區特點，分別選擇有關山川河流、礦藏、物產、經濟發展和民情風俗等，各郡寫法體例一致，便於對比、查找，為今天研究歷史地理，提供了寶貴的史料。

《漢書·地理志》中記載了當時大量的自然和人文地理資料，記載川渠四百八十個，澤藪五十九個，描述了全國三百多條水道的源頭、流向、歸宿和長度，是《水經注》出現以前內容最豐富的水文地理著作。

還記載有一百五十三個重要山岳和一百三十九處工礦物產位置分布情況，有屯田的記錄，有水利渠道的建設，有各郡國及首都長安、少數重要郡國治所及縣的戶數和人口數統計資料一百一十三個。是中國最早的人口分布記錄，也是當時世界上最完善的人口統計資料。

書中有陵邑、祖宗廟、神祠的分布，又具有歷史意義的古國、古城及其他古蹟記錄，有重要的關、塞、亭、障的分布以及通塞外道路的內容等。

　　《漢書·地理志》中所記載的自然地理、經濟地理、人口地理、文化地理、軍事交通地理等內容為今天研究漢代的社會提供了豐富而又寶貴的資料。

　　班固的《漢書》在《地理志》、《西域列傳》等篇中記載了大量的邊疆地理資料。西漢是中國歷史上最強盛的王朝之一，幅員遼闊，交通、文化、經濟發達。

　　經過漢武帝時張騫的幾次出使西域和漢軍的幾次出征，開通了「絲綢之路」，對當時西南地區有了一定瞭解。

　　此外，西漢時對東南沿海、南海及印度洋的地理也有一定認識。這些在《漢書·地理志》中有豐富的記載。如最早記載了一條從今廣東省徐聞西出發到印度南部和斯里蘭卡的航海線，對沿途各地的地理現象做了記錄。留下了豐富的研究材料。

　　《漢書·地理志》作為記述疆域政區的始祖，為中國兩千年來沿革地理著作樹立了規範。在《漢書·地理志》的影響下，後世論述疆域政區建制沿革的著作不斷湧現。

　　自唐代以後編修的歷代地理總志，如《元和郡縣誌》、《元豐九域志》和宋代以來大量增加的地方志如各府志、州志和縣誌等，無不受到《漢書·地理志》的影響。元明清時期的《一統志》等，也都與《漢書·地理志》同為疆域地理志性質的著作。

閱讀連結

　　班固不僅是個史學家，還是東漢前期最著名的辭賦家，著有《兩都賦》、《答賓戲》、《幽通賦》等。尤其是《兩都賦》，體制宏大，

寫法上鋪張揚厲，辭藻華麗，風格疏宕，完全模仿司馬相如、揚雄之作，是西漢大賦的繼續。

同時，這篇作品在宮室遊獵之外，又開拓了寫京都的題材。後來張衡的《二京賦》、左思的《三都賦》，都受了他的影響。

此外，班固為竇憲出征匈奴紀功而作的《封燕然山銘》，典重華美，歷來傳誦，並成為常用的典故。

綜合性地理巨著《水經注》

《水經注》是南北朝時期北魏地理學家酈道元所著，詳細介紹了中國境內諸多河流以及與這些河流相關的郡縣、城市、物產、風俗、傳說、歷史等。是中國古代較完整的一部以記載河道水係為主的綜合性地理著作。

酈道元雕像

《水經注》文筆雄健俊美，既是古代地理名著，又是優秀的文學作品，在中國的歷史文化進程中有過深遠影響。

酈道元在任御史中尉時，有個叫丘念的人犯了死罪，他是汝南王的親信，藏在王府中，酈道元硬是設計把他誘出王府捕獲。

汝南王去求太后說情，酈道元頂住太后的壓力，最終還是處死了丘念。

這件事表明了酈道元為官剛正，疾惡如仇，而且不懼權貴，甚至皇親，敢於與惡勢力進行鬥爭。

其實，酈道元之所以留名史冊，倒並不是因為他在政治上的建樹，而是他完成了一部重要的著作《水經注》。

酈道元酷愛讀書，他讀書範圍很廣，除了正統的經史子集外，其他方術、醫卜、地理、天文類都無不喜讀，尤其是文學方面的書。隨著見聞的日益增多、知識的日益積累，他經常被一種創作的衝動所左右。

一天，他的一位朋友從南朝回來，給他帶來了一本東晉文學家郭璞的《水經注》，他一看大喜過望，接連幾天手不釋卷。

《水經》由漢代桑欽所作，是一部記錄中國一百三十七條河流的地理專著，為中國古代第一部系統記述全國河流狀況的書，文字簡略。

酈道元自從有了這本書，總是帶在身邊，有空就翻閱。他似乎從這部書裡領會了一些什麼。

日有所思，夜有所夢。

一天夜裡，酈道元夢見了郭璞，夢中郭璞對他說：「我為《水經》作注時，正碰上天下大亂，北方的河流沒法詳細記錄，很是遺憾。如你願意為這本書重新作注，老朽願以筆墨相助。」說完就不見了。

酈道元醒來，呆呆地想了很久。從此他的文采大有進步。

這當然都是古人的傳說。但有一點卻是真的，從此酈道元開始了《水經注》的撰寫。

酈道元充分利用在各地做官的機會進行實地考察，足跡遍及今河北、河南、山東、山西、安徽、江蘇、內蒙古等廣大地區，調查當地的地理、歷史和風土人情等，掌握了大量的第一手資料。

每到一個地方，他都要遊覽名勝古蹟、山川河流。凡是他走到的地方，他都盡力收集當地有關的地理著作，並根據圖籍提供的情況，考察各地河流幹道和支流的分布，以及河流流經地區的地理風貌。

他或跋涉郊野，尋訪古蹟，追溯河流的源頭；或走訪鄉老，採集民間歌謠、諺語、方言和傳說，然後把自己的見聞，詳細地記錄下來。

同時，他利用業餘時間閱讀大量古代地理學著作，如《山海經》、《禹貢》、《漢書·地理志》、《水經》等，日積月累，他掌握了許多有關各地地理情況的原始資料，為他的地理學研究和著述打下了基礎。

酈道元透過把自己看到的地理現象同古代地理著作進行對照、比較，發現其中很多地理情況隨著時間的流逝發生了很大變化。如果不及時把這些地理現象的變遷記錄下來，後人就更難以弄明白歷史上的地理變化。

酈道元認為，應該對此時的地理情況進行詳細的考察，同時查閱古代文獻，與古代的地理學著作相印證，將地理面貌的歷史變遷盡可能詳細、準確地記載下來。

為此，他決定以《水經》為藍本，以作注的形式終於完成了《水經注》這一地理學名著。

　　《水經注》歸根到底是一部地理學著作，主要貢獻還是在地理學方面。它是大部頭全方位介紹全國水流的專書，是一部以河流為綱介紹全國地理的著作。

　　同時，將野外考察與地理文獻研究相結合，這對地理學理論和研究方法的成熟與完善有重大推動作用。此外，《水經注》在文字上十分生動，內容豐富多變，具有相當高的文學水準。

　　《水經注》研究的主要對象是河流，它在自然地理學上的貢獻，首先在河流水文方面。

　　從河流數量上講，《水經》原文中只列了一百三十七條，而注文中記載的達一千兩百五十二條，多出時一倍。對這些河流，《水經注》大多記載了它們的發源、流程和流向，敘述緊扣河流的自然地理特點，對於發源地相近的，注文一般將它們歸在一起記述。

　　如把發源於太行山東、南山麓的清水，及說法不一的即今衛河、沁水，即今沁河、淇水，即今淇河放在一處。對這三條小型河流，酈道元也很認真，分別敘述了各河源頭的情況。

　　雖然這三條河發源地相近，但源頭情況並不相同，清水源頭處於一個地下水豐富的小盆地，沁水上源則有許多支流匯成，而淇水源地由於地形複雜，水源是由山間的一瀑布急流形成的。

　　類似的這些小河並不很有名，酈道元仔細進行研究、記載，對今天研究自然地理和對河流水文的考察都有重要意義。

　　對於河流的整個流程中，《水經注》對河床寬度、瀑布、急流、峽谷等情況都有詳細的敘述。比如對岷江上流的記載就很典型：

兩山對開，其形如闕，謂之天彭門，亦曰天彭闕，江水自此已上微弱，所謂發源濫觴者也。

這是岷江最上游的情況。

接著注文分段敘述了流程情況：

自白馬嶺回行二十餘里至龍涸，又八十里至蠶陵縣，又南下六十里至石鏡，又六十餘里而至北部，始百餘步。又西百二十餘里至汶山故郡，乃廣二百餘步。又西南百八十里到濕坂，江稍大矣。

這樣的注文，就把各個河段的長度和寬度交代得很明白。如果用這段珍貴的古代自然地理資料與現代的情況進行比較，那麼對這一河段在歷史上的變化就可以瞭如指掌了。

峽谷險灘是河流流程中常見的，也是河川研究的對象，《水經注》對這方面的敘述也很豐富。如長江上的三峽、黃河上的龍門、三門、洛水上的伊闕、湘江上的空泠峽等。

全書中記載的峽谷近三百處，許多都敘述得繪聲繪色，成為著名的散文名篇。比如酈道元的《三峽》就是其中之一：

自三峽七百里中，兩岸連山，略無闕處；重岩疊嶂，隱天蔽日，自非亭午夜分，不見曦月。

至於夏水襄陵，沿溯阻絕。或王命急宣，有時朝發白帝，暮到江陵，其間千二百里，雖乘奔御風不以疾也。

春冬之時，則素湍綠潭，回清倒影。絕巘多生怪柏，懸泉瀑布，飛漱其間。清榮峻茂，良多趣味。

每至晴初霜旦，林寒澗肅，常有高猿長嘯，屬引淒異空谷傳響，哀轉久絕。故漁者歌曰：「巴東三峽巫峽長，猿鳴三聲淚沾裳！」

　　這段文字是一篇著名的山水之作，以不到區區兩百字的篇幅，作者描寫了三峽錯落有致的自然風貌。文章雖短，但展示了祖國河山的雄偉奇麗、無限壯觀的景象。

　　瀑布對河流水文研究也有重要價值。《水經注》共記有六十餘處，地理位置準確，還記載了不少瀑布的高度。關於瀑布的名稱，《水經注》中有很多別稱，如「飛波」、「飛清」等，這是《水經注》在語言文學方面的貢獻。

　　對河流水文的其他要素如含沙量、水位、流速、冰期等，《水經注》也有詳細記載。黃河的含沙量世界上罕見，《水經注》上說：「河水濁，清澄一石水，六斗泥。」就是說，從河水中提一石水，其中有六斗都是泥沙，可見含沙量是相當大的。

　　中國北方河流冬季都有結冰期，《水經注》記載黃河「寒則冰厚數丈」，這就是冰層的厚度，還記載了黃河上幾個可以採冰的河段。

　　河流、湖泊等水體從結冰開始到結束的過程稱為「結冰期」。結冰期不是以整條河流或湖泊完全封凍為結冰開始，而是自其形成結冰形態為臨界判斷。中國自秦嶺、淮河一線為分界，北方大多數河流都有結冰期，最北以黑龍江流域的結冰期最長。

　　《水經注》除了記載河流外，還記載了許多湖泊，據統計超過了五百處。有大量的淡水湖，如洞庭湖、彭蠡（即今鄱陽湖）；還有一些鹹水湖，如蒲昌海，即今羅布泊、內蒙古西部的居延海。對這些湖泊的記載，在湖泊地貌、水文方面都提供了許多資料。

　　湖泊形成後，在地質循環和生物循環的過程中，總是在不斷淤淺，甚至最後變成窪地，這種過程，地理上稱為湖泊的沼澤化現象。

《水經注》就記載了田澤消失過程中的情況：

澤在中牟縣西⋯⋯東西四十許里，南北二十許里，中有沙岡，上下二十四浦，津流徑通，淵潭相接，各有名焉⋯⋯浦水盛則北注⋯⋯

田澤是古代有名的大湖，在先秦的《詩經》中已有記載。但由於湖泊的沼澤化過程，到了酈道元著《水經注》的時候已經分化成了二四個小湖，文中所謂「沙岡」，即湖底泥沙增多，湖水變淺的現象，是沼澤化的現象，唐宋以後田澤就完全消失了。

湖泊這種由大到小，由整體到分散的過程，具體說明了田澤的湮廢過程，《水經注》的詳實記述，對於瞭解研究湖泊沼澤化過程提供了有價值的數據。

《水經注》中對地下水的記載也很豐富，共記述了泉水兩百多處，溫泉三十八處。還記載了分布在各地的水井，對瞭解古代地下水位很有參考價值。

《水經注》對動植物地理也有許多記載。全書記載的植物達一百四十餘種，包括在中國常見的溫帶亞熱帶的森林，也有西北乾旱地區的草原、荒漠植被，還記載了中國南方和現在中南半島的熱帶森林自然景觀。

《水經注》記載的動物有許多已在中國絕跡或在分布上有很大變化，使我們更便於研究古今動物地理分布的變遷。

如《水經注》中記載了一種稱為「水虎」的動物，就是今天的揚子鱷，當時還可在今漢水中看到，可現在的揚子鱷只有在長江下游的少數地方還有少量分布。揚子鱷分布地區呈現出逐漸退縮的狀況，數量也大減，因此就更要保護牠了。

《水經注》在人文地理學方面也有諸多記載。

酈道元很重視農業生產，而農業生產與水的關係極其緊密。《水經注》中處處體現酈道元對農田水利的重視，對許多大型設施的記載都很詳細。

在重視農業的同時，《水經注》也留下了手工業的珍貴資料。

書中記載手工業的門類比較齊備：採礦、冶金、紡織、造紙、食品等。還記載了能源礦物，如石油、天然氣、煤，金屬礦物如金、銀、銅、鐵、錫等，非金屬礦物，如硫黃、鹽、雲母、石英等，對它們的分布和用途都有介紹。

在所有手工業中記載最多的是製鹽業。古代鹽是關係民生的大事，所以酈道元很重視。《水經注》中記有海鹽、池鹽、井鹽、岩鹽等多種。

卷第三十三篇中記載了四川井鹽的位置、數量，並說「粒大者方寸，中央隆起……有不成者，形亦必方，異於常鹽矣」。可見四川井鹽的質量是較高的。

岩鹽的化學成分為氯化鈉，晶體都屬等軸晶系正八面體晶類的鹵化物。單晶體呈立方體，在立方體晶面上常有階梯狀凹陷，集合體常呈粒狀或塊狀。石鹽是典型的化學沉積的礦物。在鹽湖或潟湖中與鉀石鹽和石膏共生。石鹽可作為食品調料和防腐劑，是重要化工原料。

卷第六篇《涑水注》記載了當地的池鹽。池鹽在今山西省西南的安邑一帶。從先秦時代開始，這種池鹽就行銷中原廣大地區，有的商人就靠販運池鹽發家致富。

這裡的產量相當穩定。而且提取方便，所謂「水出石鹽，自然印成」，所以長盛不衰。

《水經注》的記載與其他史書的記載互相映照，不難看出，安邑池鹽在中原地區佔有重要的地位。《水經注》把漢代與北魏鹽池做了比較，這種資料是很珍貴的，對於今天如何更好地利用鹽池也有現實意義。

《水經注》對沿海鹽場的分析和採製也記述得很普遍，卷第九篇記載了今渤海沿岸的鹽場。全書共記鹽礦、鹽場二十多處，包括了當時國內的著名鹽產地，有的地方還帶述了境外的岩鹽。

在陸路交通並不很發達的古代，水運是很便捷的交通方式。《水經注》所記河道，大多都涉及航運。而峽谷、險灘就成為航道中的險段。

如卷四記黃河在砥柱山以下，「合有十九灘，水流迅急，勢同三峽，破害舟船，自古所患」。卷第四十篇記浙江在壽昌，「建德八十里中有十二瀨，皆峻險，行旅所難」。

《水經注》對陸路交通也同樣重視，書中記載了當時許多國際陸路通路：

卷第一篇的蔥嶺、天竺道通向北印度、中亞地區；卷第三篇的雞鹿塞道通向漠北草原；卷第二十七篇的通關勢為溝通關中和漢中的要道；卷第三十六篇記述了現在雲南省曲靖縣境內一段叫降的道路：「降賈子，左擔七里。」

這裡的商販為走山路，要用肩擔走七里不能換肩。「左擔七里」，只四個字就把山路的險窄勾勒出來了。

　　大量水陸交通道路必然形成許多道路交叉點，注文中相應出現了大量的橋樑和津渡，共達兩百多處。《水經注》中出現的橋等形式很多，有石拱橋、木橋、索橋、浮橋等。

　　比如卷第十九篇《渭水注》記載了宏大的秦渭橋：

　　秦始皇做離宮於謂水南北……南有長樂，北有咸陽宮，欲遞二宮之間，故造此橋，廣六丈，南水三百八十步，六十八間，七百五十柱，百二十二梁。

　　即使在今天看來，這也是一座大橋。

　　城市是人口集中居住區，酈道元自不會放過。全書共記縣以上城市近三千座，古都達一百八十座，其中大部分在今天已經成為遺址。

　　酈道元對古都的記載最為詳盡。卷第十六篇注文中竟用七千字的篇幅來詳細描述當時北魏的都城洛陽。對古都長安、鄴都也有詳盡描述，其他的古都還有平城、成都等。

　　《水經注》還記載了國外的城市。酈道元沒到過國外，有關記載都是從《林邑記》中抄錄的。現在《林邑記》早已散失了，這段文字就成為記載這兩個城市的唯一古代材料，對研究越南古代歷史有重要參考價值。可見，《水經注》的價值已遠遠超過了地理學的範圍。

　　酈道元生活在戰爭頻發的年代，他雖反對不義之爭，但並不是消極地反對。《水經注》中也保留了大量軍事地理的資料。

酈道元常把在戰爭中發生重大作用的自然地理、人文地理要素如河流、橋梁、道路、津渡等進行軍事上的評價，這種做法在以前還不多見，對後代的軍事地理學者有很大影響。

《水經注》對地名學的貢獻也很大。地名學是一門研究地名的學科，研究地名的形成、發展變遷，以及地方命名的原則和得名的淵源。在《水經注》以前的古地理書中已經出現了許多地名，但與《水經注》相比都只能望其項背。《水經注》中記載的地名據統計達兩萬左右，這是前所未有的。

河流地名是各類地名中最多的，占全書地名的五分之一。江在古代專指長江，河專指黃河，這是專稱，後來都成為通稱。北方河流後來多稱「河」，而南方河流多稱「江」，其他河流稱「水」，人工開鑿的河流又多稱為「渠」。

《水經注》還擔負著解釋地名的工作，解釋的地名共達兩千四百處。其內容非常豐富多彩，可謂洋洋大觀。自《水經注》以後，對地名淵源的研究分析，逐漸成為中國一切地理書中的必備內容。《水經注》的貢獻尤為卓著，豐富了地名學的研究內容。

總之，《水經注》不僅是一部具有重大科學價值的地理巨著，而且也是一部頗具特色的山水遊記。《水經注》是六世紀前中國第一部全面、系統的綜合性地理著述。對於研究中國古代歷史和地理具有重要的參考價值。

閱讀連結

酈道元在寫《水經注》時，對不少地理書中的錯誤也進行了糾正。比如《水經》原文講有一條叫洌水的河流是在今朝鮮半島上的河流。其實由於地勢的關係，在朝鮮半島許多河流都是西流入海的，

一些學者不瞭解實情，生套中國河流多東流的定式，所以出了這個錯誤。

　　酈道元沒有輕信原文，他訪問當時朝鮮半島上的高句麗到北魏來的使者，最後求得實際證據，在《水經注》中糾正了原文中的錯誤。這也是對其他古書中這個錯誤的糾正。

南疆山川地理著作《蠻書》

　　《蠻書》又名「雲南志」、「雲南記」、「雲南史記」、「南夷志」、「南蠻志」、「南蠻記」等，共十卷。唐代人樊綽撰。它是現存最早系統記錄西南邊疆及東南半島的綜合地理專著。

　　《蠻書》以區域地理的各要素為篇章框架，分別記述了這一地區的自然地理、人文地理和經濟地理內容。它體現了當時中國區域地理的研究水準，是中國古代優秀的區域地理專著。

南詔風光

　　苗族吹木葉，歷史悠久。古代文獻中記載著許多中國西南少數民族以吹奏木葉表達愛情的故事。

　　木葉是中國古代許多民族流行的一種樂器，是苗家富有古風色彩的天然樂器，吹木葉則是苗族人民的一種古老的民間藝術。木葉是一種葉面光滑、具有韌性的橢圓形樹葉，透過各種吹奏技巧而發出的清脆、明亮的樂音，就像多才多藝的山歌手在歡樂地歌唱。

唐代樊綽在《蠻書》中說：「少年子弟暮夜遊行閭巷，吹壺盧笙或吹樹葉，聲韻之中，皆寄情言，用相呼召。」書中所述的這一人文地理，表明早在一千多年前，木葉已經在雲南民間廣為流傳了。

在唐代，苗族地區吹木葉十分盛行。一片片不老不嫩的冬青樹葉，略卷葉邊，貼在嘴唇上，手指輕輕按住，雙唇微閉，舌頭彈動，讓氣流均勻吹出，即可隨意吹奏。堪稱「吹響木葉不請媒」。

樊綽一生的主要活動與應付南詔的侵擾有關。《蠻書》是他長期調查、瞭解、研究南詔國情、民情和地情的地理專書。書中包含了他對南詔地情的真切感受。書中對不甚瞭解的情況，都採取了慎重態度。

公元八六二年，南詔王世隆遣將攻安南，經略使王寬不能抵禦，朝廷派湖南觀察使蔡襲代王寬為經略使，將兵屯守。樊綽隨行。為了對付南詔，樊綽受蔡襲命，對南詔情況進行調查瞭解，收集資料並參考前人著作，寫成《蠻書》一書。

樊綽所著《蠻書》一書，對南詔地區的政治、經濟、民族、山川、交通城鎮及境外諸國做了較詳細記述，為現今僅存唐代著述中有關雲南地區之專著，具有極重要的史料價值。

《蠻書》共有十卷，依次記述了南詔地區的交通道路、山川位置、六詔及其他各族的分布、政區設置、城鎮分布、各地物產狀況、各族風俗、社會組織結構、周邊的民族和國名。

總之，《蠻書》以自然地理、經濟地理和人文地理的各內容為綱，綜合反映了雲南以至東南半島的山川、河流、氣候等自然地理內容；農業、手工業、礦產、交通、城鎮等經濟地理內容和人種、風俗、

民族、文化、宗教、語言等人文地理內容。它是中國唐代的文獻中一部綜合區域地理專著。

　　雲南境內的道裡對於當時交通往來所關實大，《蠻書》中特別記載六詔交通情況，對於當時邊事的經略也相當重要。

　　雲南高原崇山峻嶺、交通極為不便。交通問題已形成這裡具有獨特的自然景觀與民族人文環境的制約因素。瞭解本區的交通問題，也就成了掌握本區地理問題的關鍵。《蠻書》介紹了這裡的六條道路。

　　這一卷敘述的第一條道路是：交趾經安寧至南詔首府陽苴咩城的路程。透過記敘行程所經地點，把漢唐時期以來沿途發生過的重要歷史事件，都附記其中。這樣就加深了人們對這一地區的瞭解。

　　交趾，又名「交阯」，中國古代地名，位於今越南社會主義共和國。「交趾」一名在南越時代已有之。公元前一一一年，漢武帝滅南越國，並在今越南北部地方設立交趾、九真、日南三郡。後來武帝在全國設立十三刺史部時，將包括交趾在內的七個郡分為交刺史部，後世稱為交州。

　　陽苴咩城遺址位於大理城南的蒼山中和峰下。自公元七七九年開始至一二五三年忽必烈滅大理國，共計四百七十四年為南詔、大理國的都城。早在六詔與河蠻並存時期，陽苴咩城就是洱海地區一個較大的城邑，已具有城市雛形。

　　第二條道路敘述自成都府至雲南蠻王首府陽苴咩城之間，站驛的概況以及沿途所經的渡口。

　　第三條自邕州至陽苴咩城和第四條從黔州至陽苴咩城的道路，樊綽實事求是地說：「兩地途程，臣未諳悉，故僅略記。」

第五條道路從石門、筠連入雲南鹽津、昭通、曲靖至拓東一線。此道有的記述十分詳細，補充了許多關於南詔與唐王朝交往的史實，對沿途有許多逼真的描寫。

對於石門關，《蠻書》是這樣記載的：

石門東崖石壁，直上萬仞；下臨朱提江流，又下入地數百尺，唯聞水聲，人不可到，西崖亦是石壁，傍崖亦有閣路，橫闊一步，斜亙三十餘里。半壁架空，欹危虛險。

從這個描述可知，石門關險峻無比。

第六條路記錄了從黎州經清溪關、瀘水到今大理一線。將沿途所經地區少數民族的分布、民族風俗以及史實掌故也附帶做了記敘。

除了記載六詔交通情況，《蠻書》還介紹了雲南及東南半島的名山大川，還有文化經濟發達的滇池周圍和洱海周圍地區。

比如介紹了今昆明市區內的金馬山、螺山、碧雞山等。對滇西及中南半島的高黎貢山、大雪山的走向、分布、高度狀況、外形結構都有清晰的地理概念。並以簡練的文筆記錄了這些山體的外貌和典型的地理特徵。

如樊綽《蠻書》卷十記載：「螺山，遍地悉是螺蛤，故以名焉。」螺是一種腹足類動物，特別是指有一個封閉的殼，可以完全縮入其中以得保護的腹足類動物。螺還有其他的歧義詞解釋，如螺髻、螺黛、螺唄等，這裡的「螺蛤」也是又一名稱。

「碧雞山，在昆池西岸上，與拓東城相對。從東來者，岡頭數十里，已見此山。山勢特秀，池水清澹。水中有碧雞山，石山有洞庭樹，年月久遠，空有餘本。」

　　這段話中的拓東城為公元七六五年南詔王閣羅鳳子鳳伽異所築。故址在今雲南省昆明市，是南詔東境的重鎮。洞庭樹又稱為「公孫樹」，即「銀杏樹」，在今太華寺，已千餘年了。

　　書中又記載：

　　玷蒼山，南自石橋、北抵登川，長一百五十餘里直南北，亦不甚正。東向洱河城郭邑居，棋布山底。西則陡絕，下臨平川。山頂高數千丈，石枝青蒼，不通人路。冬中有時墮雪。

　　玷蒼山應該就是點蒼山，是雲嶺山脈南端的主峰，由十九座山峰由北而南組成。樊綽對其長度、高度、走向、外貌特徵與周圍地物關係都有精確的地理特徵描述。特別是冬天有時墮雪，反映當時歷史氣候特徵，很有價值。

　　更難能可貴的是，樊綽對流水侵蝕作用已有了認識和記錄。比如書中說：「囊蒽山，在西洱河東隅，河流俯嚙山根，土山無樹石。」這比英國地理學家郝登對這一現象的認識，早出了近一千年。

　　《蠻書》記載的水有瀘水、朱提江、瀾滄江、麗水、彌諾江、外江等。對這些河流的源流分合，主流與支流以及流域內的重要湖泊，都有正確的記載。特別是記載了瀾滄江和麗水經東南半島流入南海的情況，這在中國唐代以前的文獻中是很少提及的。

　　由於記水必然附及氣候，《蠻書》對雲南高山峽谷的垂直氣候也帶有科學而形象的記錄。這在世界地理學史上也是首創的。

　　如記錄瀘江江邊氣候終年炎熱：「高黎貢山，在永昌西，下臨怒江。左右平川，謂之穹賧、湯浪、加萌所居也。草木不枯，有瘴氣。」這是說江邊的氣候炎熱，包括冬天在內，草木也不會枯。

「途經此山，一驛之在山之半，一驛之在山之巔。朝濟怒江登山，暮方到山頂。冬中山上積雪苦寒。」這是說冬天山頂與江邊氣候，形成垂直分帶，山上則積雪苦寒。

《蠻書》也記錄了雲南境內的城鎮與聚落的分布和各城鎮的建築歷史，以及位於所在區域的作用等。還詳細記錄了首府城市內部的平面布局。

如介紹陽苴咩城，在平面布局上，把王宮放到了中軸線大道盡頭的中央位置。在立體布局上，王宮位於層層進深的高階之上。

城門是第一重門，由此行三百公尺至第二重門。又行兩百公尺至第三重門。每一重門的兩側都有居高臨下、夾道相對的門樓。它增加了入宮道上的雄偉景象，又可以做防禦工事。

第二重門與第三重門之間，是高級官員居住區，最後才到達階高丈餘的議政大廳。其後小廳是南詔王與高級官員處理日常軍政大事的地方。後面是王宮居住區和再遠一些是接待使臣的客館。

可見陽苴咩城的平面布局，接受了中國自周代就建立起來了的建築指導思想。突出的中軸線，主體建築放至中軸線上、突出王權尊嚴等。

此外，在政治中心的大理盆地山水相匯的地方，依險設關城，築起了龍首城和龍尾城。中心區有大和城、大厘城、鄧川城等。為了拓展領土，又築了拓東城。四個方向上還有雲南城、永昌城、寧北城、昆明城、銀生城等。

總之，《蠻書》是最早記錄雲南城市面貌和城鎮體系的地理著作。

閱讀連結

普洱茶到底屬於什麼茶？很多人都會有普洱茶屬於什麼茶類這個疑問。

其實，普洱茶是雲南的歷史名茶，從唐代樊綽《蠻書》中記載「散收，無采造法」初始狀態的普洱茶，到現代用人工後發酵方法生產的普洱茶，經歷了一千多年的歷史變遷。

普洱茶經歷了唐代「散收，無采造法」，至明代「蒸而成團」，至清代的芽茶、大團茶、小團茶、餅茶、拖茶、茶膏等多種形態的變化，說明普洱茶是一個古老的茶類。

考證山水的《徐霞客遊記》

徐霞客一生幾乎沒有停止旅遊，並詳細記錄途中所見，以日記體寫成的中國地理名著《徐霞客遊記》，是地理學家和考古學家不可多得的研究材料。

《徐霞客遊記》寫有天台山、雁蕩山、黃山、廬山等名山遊記十七篇和《遊黃山日記》、《遊廬山日記》等著作，主要是對旅行觀察所得，對地理、水文、地質、植物等現象，均做了詳細記錄，在地理學和文學上卓有成就。

徐霞客雕像

徐霞客是明代地理學家、旅行家和探險家。幼年喜愛讀歷史、地理和探險、遊記之類的書籍。這些書籍使他從小就熱愛祖國的壯麗河山，立志要遍游名山大川。

　　徐霞客十九歲時，父親病故。三年服孝期滿，徐霞客萌發了外出遊歷的想法。而賢德的母親也認為好男兒志在四方，不願自己的兒子像籬笆裡圈著的小雞，車轅上套著的小馬一樣，被束縛而沒有見識和出息。對徐霞客的決定給予了極大的支持和鼓勵。

　　徐霞客從二十二歲開始外出旅遊，歷經三十四年，直至生命結束為止。正是這些長期而豐富的經歷，使他獲得了寶貴的第一手材料，寫成了中國著名的地理著作《徐霞客遊記》。

　　他先後遊歷了大半個中國，足跡遍於華東、華北、中南、西南。包括今江蘇、浙江、安徽、福建、山東、河北、山西、陝西、河南、江西、廣東、廣西、湖南、湖北、貴州及雲南十六個省，遍及北京、天津、上海三市。

　　踏遍泰山、普陀、大台、雁蕩、九華、黃山、武夷、廬山、華山、武當、羅浮、盤山、五台、阻山、衡山、九嶷等名山。

　　遊盡太湖、岷江、黃河、富春、閩江、九鯉湖、錢塘江、瀟水、湘水、郁江、黔江、黃果樹瀑布、盤江、滇池、洱海等勝水。

　　在漫長的旅途當中，徐霞客為了考察得準確、細緻，大都步行前進。披星戴月、風餐露宿，對於所遇的險阻，他都以頑強的鬥志去克服，而且無論身體多麼疲憊、條件多麼惡劣，他都每天堅持寫日記。

　　這些旅遊日記記錄了他的旅途經歷、考察的情況以及心得體會，給後人留下了寶貴的地理材料。

徐霞客很重視標本的研究價值。他在武當山等地冒險採集了榔梅；在尚山採集了當地一種形似菊花的特產——金蓮花；在五台山採集了天茶花等珍稀名貴植物；在瑪瑙山上採集了「石樹」；在蝴蝶泉邊採集了花樹的枝葉。

在雲南騰越，徐霞客為了把一個岩洞看個明白，冒死攀登上懸崖；在湖南茶陵時，獨闖傳說中神祕的麻葉洞；在廣西融縣真仙岩，徐霞客為了探索一個岩洞，竟從一條橫臥的巨蟒身上跨過進到洞內。

標本 持實物原樣或經過整理，供學習、研究時參考用的動物、植物、礦物。標本大致可分為：獸類標本、鳥類標本、魚類標本、昆蟲類標本、植物標本、骨骼標本、蝦蟹類標本、化石類標本等。製作標本以寫實為基礎，注重於原始的模型的運用。

徐霞客對科學研究有著無所畏懼的精神。他喜歡獵奇，可以說是「聞奇必探，見險必截」。

每遇到古洞、名剎、溫泉、飛瀑、奇峰、深林、幽皇等奇異景觀，他都把安危置之度外，只求一覽「廬山真面目」。他在自己的記錄中說：「亙古人跡未到之處，不惜捐軀命，多方竭慮以赴之，期於必造其域，必窮其奧而後止。」

他還經常和鬼神迷信作鬥爭。雲南地方上有一本《雞山志略》，書中記載了五台山、峨眉山和雞足山等地的「放光瑞影」現象，這種五彩光圈通常被社會上認為是「佛光」或「寶光」。

徐霞客則從地形環境的角度，解釋了出現這種自然現象的原因，駁斥了迂腐的迷信說教，這也表現了他的唯物主義自然觀。

二十八歲那一年，徐霞客來到浙江溫州攀登雁蕩山。他想起古書上說其山頂有個大湖，就決定爬到山頂去看看。

當他艱難地爬到山頂時，只見山脊筆直，簡直無處下腳，怎麼會有湖呢？但他仍不肯罷休，繼續前行到一個大懸崖，路沒有了。

他發現懸崖下面有個小小的平台，就用一條長長的布帶子繫在懸崖頂上的一塊岩石上，抓住布帶子懸空而下，到了小平台上才發現下面是百丈深淵，無法下去。他只好吃力地往上爬，準備爬回崖頂。

爬著爬著，帶子斷了，幸好他機敏地抓住了一塊突出的岩石，不然就會掉下深淵，粉身碎骨。徐霞客把斷了的帶子接起來，又費力地向上攀援，終於爬上了崖頂。

還有一次，徐霞客去黃山考察，途中遇到大雪。當地人告訴他有些地方積雪有齊腰深，看不到登山的路，無法上去。但徐霞客不聽勸阻，他挂了一根鐵杖探路。

上到半山腰，山勢越來越陡。山坡背陰的地方最難攀登，路上結成堅冰，又陡又滑，腳踩上去，就滑下來。他就用鐵杖在冰上鑿坑。腳踩著坑一步一步地緩慢攀登，終於爬了上去。

山上的僧人看到他都十分驚奇，因為他們被大雪困在山上已經好幾個月了。

徐霞客還走過福建武夷山的三條險徑，這就是大王峰的百丈危梯、白雲岩的千仞絕壁和接筍峰的「雞胸」、「龍脊」，可謂處處險象橫生，步步驚心！

公元一六三六年，徐霞客年屆五十歲。他立志考察西南地貌，跋涉「蠻荒」。便於這一年的農曆九月十九深夜，辭別親友，放足萬里。同行的有靜聞和尚和顧姓僕人。

　　靜聞是江陰迎福寺僧人，曾刺血寫成《法華經》一部，願供於雲南的雞足山。

　　他們取道浙江，越江西、湖南、廣西、貴州去雲南。於公元一六三七年農曆二月二十夜泊湘江新塘，同船還有其他幾個客人。

　　這天夜裡，靜夜中有女子的哭聲從岸邊傳來，僧人心不能忍，就下船去勸說那女子。等他回到船上不久，一群盜賊尾隨殺了過來。

　　徐霞客由於長年履足山川大河，早已鍛鍊得身手敏捷。他見勢不好，躍身跳入水中逃生。盜賊不僅搶劫，還用儀槍亂刺客人。他又隻身逃到遠處的一條小舟上，被一個姓戴的客人搭救。

　　第二天，徐霞客找到靜聞與僕人，僕人受了槍傷。後來他們才得知，同船的一位客人在這次劫難中死去，幾天後，屍體在下游找到。

　　徐霞客此時身無分文，便進城找到一個同鄉金祥甫求助，寄住在他家。遭此一劫，徐霞客並未氣餒，不曾放棄遊歷的志向。透過一些朋友的幫助，並以家鄉一點三公頃田租為代價，換來重新上路的川資。

　　不久，靜聞病死於廣西南寧崇善寺。徐霞客背負靜聞遺骨，與顧姓僕人分擔行李，歷時一年餘，經貴州到達雲南的雞足山悉檀寺，供上了靜聞刺血寫成的《法華經》，替他完成了遺願。

　　悉檀寺在滿月山下，大龍潭上，背靠石鼓峰。公元一六一七年，麗江土知府木增為母親求壽，向朝廷奏準在雞足山建寺，捐銀數萬兩，延請高僧釋禪住持創修，並在寺的大門內建萬壽殿，表示祝國誠心。公元一六二四年，命僧人入京藏，明天啟皇帝御賜藏經，題寺名為「祝國悉檀寺」。

後來，徐霞客在僧人們的幫助下繼續考察，主要活動於崇山峻嶺。山中無糧，就吃野菜野果為生；無處投宿，就以山洞樹林為家。

攀絕壁，涉洪流，探歷一百多個石灰岩溶洞，認真記載。由此，他成為世界上對這一帶石灰岩地貌進行大規模考察，並做詳細記錄和深入研究的第一人。

接著，徐霞客又橫穿雲南，對金沙江、瀾滄江、麗江等諸水流實地調查勘測，寫成《溯江紀源考》和《盤江考》，詳細論證長江和盤江的水源，肯定金沙江為長江上源，糾正了儒家經典《禹貢》以岷江為長江源之謬。

此外，徐霞客還遠抵雲南邊陲騰沖，對有地下熱能表現的地區進行尋訪。直至患了足疾，還應麗江知府木生白之請，在此駐留，幫修《雞足山志》四卷，歷三個月告成。

徐霞客經過三十多年考察，最後撰成了六十萬字的《徐霞客遊記》，開闢了地理學上系統觀察自然、描述自然的新方向。它既是系統考察中國地貌地質的地理名著，又是描繪華夏風景資源的旅遊巨篇，還是文字優美的文學佳作，在國內外具有深遠的影響。

《徐霞客遊記》在地理學上有四個方面的重要成就：

其一，徐霞客是中國和世界廣泛考察喀斯特地貌的卓越先驅。他對喀斯特地區的類型分布和各地區間的差異，尤其是喀斯特洞穴的特徵、類型及成因，有詳細的考察和科學的記述。

僅在廣西、貴州、雲南省區，他親自探查過的洞穴便有兩百七十多個，而且一般都有方向、高度、寬度和深度的具體記載。徐霞客關於喀斯特地貌的詳細記述和探索，居於當時世界的先進水準。

其二，糾正了文獻記載的關於中國水道源流的一些錯誤。如否定自《尚書·禹貢》以來流行一千多年的「岷山導江」舊說，肯定了金沙江是長江上源。

正確指出河岸彎曲或岩岸水流之處沖刷侵蝕厲害，河床坡度與侵蝕力的大小成正比等問題。對噴泉的發生和潛流作用的形成，也有科學的解釋。

其三，觀察記述了很多植物的生態品種，明確提出了地形、氣溫、風速對植物分布和開花早晚的各種 影響。

其四，調查了雲南騰沖打鷹山的火山遺蹟，科學地記錄與解釋了火山噴發出來的紅色浮石的質地及成因；對地熱現象的詳細描述在中國也是最早的。對所到之處的人文地理情況，包括各地的經濟、交通、城鎮聚落、少數民族和風土文物等，也做了不少精彩的記述。

值得一提的是，《徐霞客遊記》在文學上也形成了自己的特點。寫景記事，悉從真實中來，具有濃厚的生活實感；寫景狀物，力求精細，常運用動態描寫或擬人手法，遠較前人遊記細緻入微；詞彙豐富，敏於創製，不落窠臼；寓情於景，情景交融，同時注意表現人的主觀感覺；透過豐富的描繪手段，使遊記表現出很高的藝術性，具有恆久的審美價值。

此外，作者在記遊的同時，還常常兼及當時各地的居民生活、風俗人情、少數民族的聚落分布、土司之間的戰爭兼併等情事，多為正史稗官所不載，具有一定歷史學、民族學價值。

閱讀連結

徐霞客十五歲那年，應過一回童子試，沒有考取。父親見兒子無意功名，也不再勉強，就鼓勵他博覽群書，做一個有學問的人。

徐霞客的祖上曾經修築一座萬卷樓來藏書，這給徐霞客博覽群書創造了很好的條件。他讀書非常認真，凡是讀過的內容，別人問起，他都能記得。

家裡的藏書還不能滿足他的需要，他還到處收集沒有見到過的書籍。他只要看到好書，即使沒帶錢，也要脫掉身上的衣服去換書。博覽群書，對他取得地理成就提供了豐富的養料。

國家圖書館出版品預行編目（CIP）資料

地理探究：地學歷史與地理科技 / 劉文英 編著 . -- 第一版 .
-- 臺北市：崧燁文化，2020.02
　　面；　　公分
POD 版

ISBN 978-986-516-100-2(平裝)

1. 地理學 2. 歷史 3. 中國

609.92　　　　　　　　　　　　　　　　10801847

書　　　名：地理探究：地學歷史與地理科技

作　　　者：劉文英 編著

發 行 人：黃振庭

出 版 者：崧燁文化事業有限公司

發 行 者：崧燁文化事業有限公司

E - m a i l：sonbookservice@gmail.com

粉 絲 頁：　　　　　網 址：

地　　　址：台北市中正區重慶南路一段六十一號八樓 815 室

8F.-815, No.61, Sec. 1, Chongqing S. Rd., Zhongzheng

Dist., Taipei City 100, Taiwan (R.O.C.)

電　　　話：(02)2370-3310 傳　真：(02) 2388-1990

總 經 銷：紅螞蟻圖書有限公司

地　　　址：台北市內湖區舊宗路二段 121 巷 19 號

電　　　話:02-2795-3656 傳真 :02-2795-4100　　網址：

印　　　刷：京峯彩色印刷有限公司（京峰數位）

　　本書版權為現代出版社所有授權崧博出版事業有限公司獨家發行電子書及繁體
書繁體字版。若有其他相關權利及授權需求請與本公司聯繫。

定　　　價：200 元

發行日期：2020 年 02 月第一版

◎ 本書以 POD 印製發行